大展好書　好書大展
品嘗好書　冠群可期

實用武術技擊：9

太極拳實用技擊法

武世俊　著

大展出版社有限公司

前　言

　　太極推手與散手實踐是中華武術的一部分。在其發展過程中，它不斷吸納其他拳種有用的技法來充實自己，逐步形成一套獨特的練法，但它又與其他拳種在技擊法則上有著許多雷同之處。因此，要正確熟練地掌握這門技藝，還應對其他拳種的有關知識有一個綜合的了解。

　　太極推手與散手實踐在繼承發展過程中，由於不同時期的歷史背景和各種因素的限制，以及人們學習層次不同、理解不一，導致一些練法與實際用法出現偏差。有的是以健身和觀賞爲主，有意編入一些舞蹈及體操動作，淡化了其攻防作用。有些動作因比賽時爲防止不必要的傷害而棄之不用。這些都束縛了手法的充分發揮，使不少太極拳愛好者「每見數年純功，不能運化」。

　　眞正武術功法的精華，不在乎架式的好壞，動作的難易，而要以得人爲準，舉手投足即見輸贏，「哼哈」之間，勝負立判。早期太極拳不過幾勢，俗稱

「老三刀」，已概括了「掤挒擠按，採挒肘靠」八門勁力和「進退顧盼定」五行步法的配合，其身法「縱橫高低，進退反側」已在其中，而概括起用法來，也無非是幾大招式。

我作爲一名武術工作者，在半個世紀的武術生涯中，深刻體會到要正確掌握這門技藝，必須要有一個客觀的態度和科學的學習方法，要嚴格通過各個階段的訓練才可達到目的。爲此，本書力求從拳理、拳法的要領及練功先後次序上加以說明。著重闡明太極拳推手實戰的基本功法和基本技法要領。有些訓練方法鮮爲人知，一些技法要領與世人所熟悉的也不盡相同。書中一併提出，可供研討。但也難免有遺珠之憾，望請諒解。

在整理本書過程中，曾得到馬文海、李存義等人大力協助，還有弟子王占斌，李德在圖片製作方面的密切配合。本人在此謹致誠摯的謝意。

武世俊

目　錄

第一章　基本功法訓練要領

第四章　基本打法要領

【第一章】

基本功法訓練要領

太極推手與散手基本功法的訓練，要達到兩個基本目的。首先透過訓練，使自己根基紮實，不易被對方擊倒或自己跌倒，同時要具備靈活敏捷的身法；其次是增強攻擊力。因此，必須按要求進行基本功法的嚴格訓練，才能達到應有的要求。

第一節　基本樁功

打拳練功要先從站樁開始，俗有「百練不如一站」之說。站樁，就是固定一種姿勢，長時間靜止不動地站在那裡，透過內在要求未滿足武術技法需要的練功方法。形意拳和太極拳都非常注重站樁，其他拳種也都有樁功訓練。外形雖不盡相同，內在要求多有共識，無非都是由站樁達到快捷地調整精神與肢體的高度協調統一；精、氣、神與形態、意志、勁力的高能量充分發揮。

所以，站樁不要單純地去強調外形姿勢的繁簡難易，而要著重內勁的訓練。

要從整體上重點掌握幾個不同階段和不同層次的訓練，透過站樁，逐步達到內勁更換的目的，以產生整體渾元力，求得技法方面無窮的妙用。

一、初始階段：無極站樁功

無極站樁功是一種基礎樁功，對初練者尤為重要。它主練心靜及身體部位的徹底放鬆。使人的身軀能儘快地掌握「去僵求柔」的訓練捷徑，達到換勁的初始要求，使之具有進入實站狀態下必備的身體素質。

無極站樁功外形姿勢（圖1）。

　　兩腳向左右兩側平行分開，與肩同寬，自然站立，身體重量由兩腿平均分擔，兩膝微屈不可挺直。兩臂放鬆，自然下垂於胯側，思想漸漸入靜後，再將雙手輕輕合攏於小腹前，使兩掌相合（男子左手在外，左手拇指輕按置於右手手心處；女子右手在外，右手拇指輕按置於左手手心處）。身體中正站

圖1

立，全身放鬆。上下牙相扣，舌尖輕舐上腭。兩眼微閉，思想入靜，排除一切雜念，做到無思無欲，無所向意，無我忘我，順天地之自然。

　　身體舒適輕靈，呼吸勻慢細長，似有似無地設想站在淋浴下，頭頂上有一股溫潤之細流緩緩流過，遍及全身，直達腳底而慢慢散開。用此法來幫助入靜，身體隨之逐節放鬆，不留一絲僵緊。同時用耳去聽，由近漸遠，聽那涓涓細流淌入地下的微弱水聲。

　　待全身放鬆、思想入靜後，再意念腹中，並忘卻自我，似乎將自己融入天地之間。隨著吸氣，感受全身各毛孔張開，吸納著天地之精氣，周身似有飛騰之感。隨著慢慢呼氣，感覺似乎全身毛孔都在舒張而吐污，身體似有落地生根之意。大約站半小時後收功。

　　收功時保持姿勢不變，雙手隨呼吸揉摩腹部，上揉用吸，下摩用呼，上達肋骨，下至恥骨，吸氣勻緩，呼氣悠

悠。先由小圈漸至大圈，再由大圈漸至小圈，以肚臍為中心，揉摩若干圈，完畢。

最後鬆開雙手，輕輕沿脈絡扣拍一遍全身，結束。

二、中期階段：定勢站樁功

有了無極站樁功的基礎，就基本上掌握了思想入靜與肢體放鬆的方法，同時也增強了一定的身體素質，然後可以進入中期站樁功的訓練。

中期階段的定勢站樁功，應根據本人的具體情況，先選擇一種固定的姿勢來站，而不要在短時期內經常變換姿勢。因為姿勢會影響意念。你所選擇的姿勢還應有利於以後推手散打時的體能要求和技擊變化的需要。

樁功以站勢為主，因為站勢更貼近於實踐。站式樁功很多，有渾元樁、技擊樁、三體式樁、伏虎樁。也可以從拳架套路中選出一兩個有代表性的姿勢作為樁功來站。如陳式太極拳中的「懶扎衣」式、「中盤」式；八卦掌中的「熊形」式、「鷂子鑽天」式；八極拳中的「馬步托嬰」式等。但仍要以下面介紹的站樁功為主。

1.渾元式站樁功

又稱三圓式、太極式。

兩腳向左右兩側平行分開，距離與肩同寬，兩腳掌平鋪著地，十趾有下抓之意，腳心要用意向上虛含，腳跟微起。雙腿微屈膝下蹲，平分身體重量，兩膝微向裡合，襠要圓而勿尖。兩臂舉起與肩平，呈環形狀，猶如合抱大樹或一個大球。沉肩垂肘，兩手心斜向裡，十指自然伸開，虎口圓撐，

手指有抓物而物又欲墜之感。立身中正，頭頂項豎，下頦向裡含，頭似被繩提，領率全身。上下牙相扣，舌舐上腭。二目微閉，也可自然睜開平視遠方。提肛收腹，含胸拔背，呈虛靈挺拔之勢。全身不可僵硬，呼吸順其自然，力求勻慢細長或忘息（圖2）。

圖2

2. 三體式站樁功

三體式站樁功是形意拳的基本樁功，又稱為子午樁、三才式、三合式。它是由無極式、虛無含一式、太極式、兩儀相分式演化而來的。形意拳有「萬法出於三體式」之說。何為「三體」，從整體來講是頭、手、足三體。而頭又分腰為根節、脊為中節、頭為梢節；手又分肩為根節、肘為中節、手為梢節；足又分胯為根節、膝為中節、足為梢節。

在站三體式樁功時，頭節要求虛靈頂勁，舌舐上腭，二目平視，含胸拔背，項正肩沉、尾閭中正。手節要求前（左）手臂前伸，手與口同高，突掌塌腕，虎口撐圓，手心往裡虛含且朝前下方，食指上挑。後（右）手掌心朝下，置於臍側與前肘下方。五指撐開成虎爪狀，有下按之意。兩臂圓曲如月，兩手前伸後按，前後呼應形成開合之勁，有虎欲前撲之勢。足節要求前（左）足向前邁一步，以丁八字型分開，兩腳十趾抓地，前腳尚虛，後腳尚實。兩腿彎曲如弓，似金雞獨立狀。上身中正微向後靠，腰如龍盤折疊，收胯收

臀，形成「雞立之形，龍身之象，熊膀之勁，虎撲之勢」的三體式椿「四象」。

圖3

同時強調肩胯相合，肘膝相合，手足相合的「外三合」之形，以及「形與意合，意與氣合，氣與力合」的「內三合」之意。站椿時要求腹式呼吸，呼吸之間身體要有虛實交替，開合有度，鬆緊相疊。體現出「三回九轉如一式」的三體式椿功特點（圖3）。

3.技擊式站椿功

由渾元椿和三體式椿綜合而成的技擊椿功，更貼近推打實戰的要求。

先左腳向前邁出一步，腳尖朝正前方，腳前掌踏地，後跟微微抬起，腿有前撲之意。後腿尖外撇，兩腳十趾抓地。雙腿屈膝略下蹲，膝蓋裡合，重心稍後移，頭正項直，後背挺直與身體下沉形成上下對拉之狀，使整體虛靈之拔勁有感於脊椎。含胸裹腹，塌腰縮臀，斂胯圓襠。兩臂前舉與胸同高，要沉肩垂肘，突掌塌腕。兩掌心要虛含且有內吸之感。食指上挑，虎口圓撐，拇指內扣，其餘手指均有向外伸探之意，以利勁力直達。下頦回扣以增強頭上頂之勁。上下齒相扣，舌舐上腭，嘴微張。二目平視（圖4）。

圖 4   圖 5

4. 伏虎式站樁功

此樁功可使人強筋壯骨，根基紮實，但難度較大，應在前面樁功的基礎上逐步增加此站樁功的訓練。

兩腿大步分開，身體直立下坐，形如騎馬式，重量分於兩腿，比例為前四後六，前腿尖朝正前方，後腿尖朝外撇開；前手置於前腿膝內側上方，五指分開向前下方探抓，後手稍上抬於後腿內側，有下按之意，好似騎在虎背上，前手抓虎頭、後手按虎脊一樣。頭上頂，身豎直，肩下沉，腰後塌。特別強調兩手臂有外撐內抱之意，雙手有提、抓、搓、按之勁。二目平視前方。

配合深長的腹式呼吸，吸氣有氣吞山河、萬夫不擋之勇；呼氣如身跨駿馬、奔騰萬里之勢（圖5）。

5. 熊形站樁功

同上式伏虎站樁功一樣，是一種強化腿部訓練的功法。

圖6

　　兩腿左右大步分開，平分身體重量，腳尖略向裡扣，立
身中正，屈膝下蹲如坐高椅；兩臂向左右外側擴撐，內裹，
有纏絲之勁，雙掌內旋，塌腕向外下方擠按。二目平視前
方，頭正項直，沉肩擴肘，拔背含胸，坐胯斂臀，提肛圓
襠，舌舐上腭，神聚氣沉（圖6）。

　　概括以上介紹的幾種站樁功，外形姿勢雖不統一，但是
內在要領大致相同。歸納如下：

　　（1）排除思想雜念，凝神定意，心平氣舒，悠然自
得。視而不見，聽而不聞，不受外界干擾。

　　（2）以意念指導一切，引導內勁行走於筋骨之間。有
抻筋、拔骨、肢節伸長之意。忘卻自我，自然而然。

　　（3）虛領頂勁，沉氣裹腹；要立身中正，聚氣凝神，
不偏不倚，輕鬆舒適。周身上下合勁而不散，鬆柔而不僵，
一身要備五弓。

　　（4）腹式呼吸，要勻慢細長。勻使氣上浮，勿使氣憋
喘。

　　（5）各式站樁功均要求「含胸、拔背、扣膝、護臀、

太極拳實用技擊法

提頂、吊襠、鬆肩、沉肘」的「八要」身法。

中期樁功，只可先站一種，但以技擊站樁功為首選，且要循序漸進，不可急於求成。要有恆心、決心、耐心，堅持每日站樁為佳。

三、後期階段：無定勢站樁功

這是進入推手散打階段的樁功，須像太極拳實用手法那樣進入無形無意，不必細察來勢，自可進入接手即來、順勢即發的實戰狀態。

無定勢，即沒有固定的站樁姿勢，舉手投足皆可為樁，不拘形式，無可執著。一法不立，萬法不備，但求真意在，不拘形式同。不論站、行、坐、臥，均在練功中。該階段姿勢隨意，不受限制，是在中期階段定勢站樁功的基礎上進行的。沒有前期定勢站樁功的刻苦訓練，後期的無定勢樁功就不容易掌握。然而，不拘形式的姿勢隨意性，是在一定法則下的隨意，在隨意中有法則。

站樁時，任選一種姿勢站好，原則上要求頭頂項直，不偏不倚，鬆肩沉肘。雙臂向前抬起，高不過眼眉，低略過肚臍，肘不可貼肋，臂不可伸直，兩臂內含七抱三撐開合之勁，掌要撐、腕要塌、胸要含、背要拔。兩腿邁開，十趾抓地，膝蓋內扣，坐胯吊襠。

無論什麼姿勢，雙手均須各在其側，不超過身體中線，左手護左不過右，右手護右不過左，然後站定不動。

神要凝，意要定，默視太空，思想去除雜念，精神力求收斂，形體盡量放鬆，形緊則神難聚，神散則氣不斂。腹內鬆靜空虛，外形中正圓合，舌舐上腭，容貌似笑不笑，縮胯

吊襠，下腹感覺似尿不尿。

意念先從大腦開始，從頭頂逐節放鬆，使全身肌肉鬆展開來，好似一個空皮囊與大氣相融，隨著呼吸，感覺風從體內穿行通過而與大氣息息呼應。

形不動而意不止。也可意念置身於溫度適中的海水中，水從四面八方緩緩沖刷著自己，自己隨波逐流，飄飄蕩蕩，忽升忽降。或設想站在柔和的陽光下，隨著呼吸，各毛孔排著體內的雜氣，吸著日月之精華。

還可設想前面有一「假設敵」，欲與自己拼搏，自己隨時準備調動全身精力以禦之。

用功時，要形鬆意緊，肌肉含力，骨內藏剛，八面臨風，氣吞山河。在不動中求欲動，欲動而又未動，在無力中求有力，用力卻又不見力。形不破體，力不外顯，以形為體，以意為用。因形取意，意注體中，形體不動，意念不止。

椿功姿勢不求雷同，但求同功。能否在後期推打實戰中身法敏捷如龍虎飛騰，全在站椿功。後期站椿功的訓練，要達到周身徹底換勁，由笨力換巧勁，周身形成渾元之力。

第二節　基本動功

通過站椿生成的氣感效應，還必須經過基本動功的訓練才能逐步控制住它，並在意念的指使下從運動狀態中得以體現發揮。基本動功又是站椿功的動態延續，其動作均形簡意深。簡單動作的反覆操練，有助於不斷地體會意與氣的運用，形與勁的結合。

圖7

　「內練一口氣，外練筋骨皮」。站樁功主練氣，基本動功主練筋。勁力生於骨節之間而長於筋，勁由筋發，力由骨生，筋長則勁壯，筋伸則勁發。故基本動功就要伸筋舒絡，在意念的引導下練出彈抖發放的勁力。

一、試力訓練

　「試力」即是將樁功得來之勁力，由試而得知其意，並由知而得其所以用。站樁功以後，必須進入試力的基本動功訓練。初練者首先以手來試力（圖7）。

　樁功站畢，不須收功，保持形不動、意不斷。先將意念慢慢移至手前，試著以雙手緩緩地向前推去，但要以意念引導兩手欲動而未動，未動而又要微動，並體驗意念可否跟住勁力與形體的變化，勁力能否在意念指使下隨時發出。訓練在推打實戰時，「求其斷接之能，隱微似斷而未斷，見顯似接而未接」，使「神氣極於隱顯」的功夫。又何慮不黏沾連

隨？

　　為了幫助意念，可設想向前平推水中一艘浮船，動作宜微動、慢動，不可大動、快動，以防斷意、斷勁。這是練意與氣合、氣與勁合、勁與形合的第一步，即「以心行氣，務令沉著，仍能收斂入骨」。為什麼練太極拳要求鬆柔緩慢，就是這個道理。

　　單純地慢練而不去以意念指使，不以勁力行走於筋骨之間的練法只能是一種形式。試力時要求鬆肩沉肘，雙手十指在意念指使下盡力向前伸探，指節間有欲伸長之感。兩臂推出時不可太展，要臂屈力直，手不超過前足，距離遠不過尺。同時意念兩腿有前撲後蹬之意。雙手推出時用呼氣，意念身體內部勁力經由手掌而發出直逼前方敵身。雙手回捋時用吸氣，意念往回拉一艘水中浮船（圖8）。

　　回手不可貼身，雙手將至身前即慢慢在意念引導下翻轉雙掌向前推至圖7所示位置。如此反覆循環、周而復始若干次，逐步感覺到「出手如推銼，回手如鉤杆」。兩臂如注鉛一般沉重，俗稱為「吃住內勁」，要力不空出，意不空回。出掌要帶有往上的掀勁，往前的逼勁、按勁，兩臂往復運動如抽絲，左右開手如撕棉。使勁力感覺「掀

圖8

在腰腿，逼在肩肘，按在掌腕」。回手同樣要有引勁、帶勁、抒勁。

　　初試力以手進行，逐漸練會以身體的任何部位來試力。要頭頂、目逼、撐肩、擴肘、探指、擰腕、腰旋、胯抗、膝扣、腳踏，裡抱外撐，所向披靡。掌握此種力，實戰中方可引之即來、發之即出，全身渾然一體，「視動猶靜，視靜猶動」「內固精神，外示安逸」。「意不可斷，勁不可散，上動下隨，下動上領」。「一動無有不動，一靜無有不靜」，感知體內意與氣，勁與形是否相合，「勿使有缺陷處，勿使有凹凸處，勿使有斷續處」。

　　初試力先感應皮膚、毛髮與大氣的摩擦；再試力要感應身體在隨動中氣浪衝擊的大小；最後試力要感應由神動對外界各處的爭抗，並在爭抗中生力。只有刻刻留意，方有所得。所得之勁力，即稱為「功夫」。

二、發力訓練

　　透過試力感應到的內部整體勁力，雖知其勁，卻難知大小，更不易掌握運作中前、後、左、右的動態平衡與勁力的勻整，因此，必須進行發力訓練。「發力」即試著將該勁力向「假設敵」推發出去。可以用手來推發，也可以用身體的其他部位去擊發。不論以哪一部位擊發，都應該全身上下協調配合。

1.手部發力訓練

　　這是發力訓練中的第一步，也是最主要的一步。在試力完畢以後，在保持意不散、勁不斷的狀態下，將意念移向

圖 9

圖 10

「假設敵」。假想前方有一敵人與我搏擊,已被我引化而正
待擊發。我左手左側上架,右手收回於腹側,以右高虛步站
定,蓄而待發(圖9)。然後以意領氣,以氣催力,以腰發
動,同時出右腳,出右手以揮抖勁力向前推。要求腳到手
到,手腳一致(圖10)。發勁需沉著鬆靜,專注一方。出

太極拳實用技擊法

圖 11　　　　　　　　　　　圖 12

腿打掌時，保持整體鬆靈協調。如此反覆若干次。

　　手部發力往往是雙掌齊練。

　　設雙手已將「假設敵」手臂捋帶至自己身前，同時左腿也已抽回成左高虛步（圖11），然後雙掌一齊向前以彈抖之勁推發出去。同時邁出左腿成左高弓步。左掌位於左斜上方，設想推在敵人前胸右上側；右掌位於右斜下方，設想推在敵人前胸左下側（圖12）。與單發掌要求相同，要手到腳也到，手腳一致，勁整力足。如此反覆訓練若干次。

　　無論單掌發力或雙掌發力，均要手回腳回，手出腳出。前腳回抽時要以前腳掌擦地而回，出腳時也要蹬地而出。後腳也可跟進半步，以增強催動之力。要掌握勁力在運行中由弱漸強，加速而至，發至終端後即刻停留，做到以意領氣，以氣催力，形隨氣走，勁隨意出。「曲中求直，蓄而後發，力由脊發，步隨身換」，使發勁達到通、透、整、合的要求，如烈火燒身，在瞬間爆發出強大的能量。

圖 13　　　　　　　　　　　　圖 14

2. 身體其他部位的發力

身體其他部位的發力與手部發力時的要求一樣，用肩向前靠打（圖 13）。

用肩向後靠打（圖 14）。

用前胸向前靠打（圖 15）；

用後背向後靠打（圖 16）；

用胯部向側面靠擊（圖 17）；

用肘部靠擊（圖 18）。

為了初練者便於掌握勁力的運作，可先吊砂袋以輔助訓練，當掌握了發力技巧以後，就可以不用砂袋了。無論用身體哪一部位來發勁，均須做到以意念支配動作，發力無論有形無形，均須形不外顯，意不中斷，上下左右往返折疊均應輕鬆準確，錯綜交叉。

無論進步發、退步發、順步發、拗步發、前發、後發、

太極拳實用技擊法

圖15

圖16

圖17

圖18

上發、下發、側身發、橫向發；無論頭撞、肩靠、胸碰、背
抗、胯打、肘擊、膝頂、腳踢、齊擊並進、單出雙回、橫撞
豎靠、正發斜爭，其大小關節、四肢百骸，均一觸即發，全
無定勢。姿勢不求多樣，架式不在好壞，只要發得順暢，發
得順勢得法，均為正確。

這是要練就下意識的本能，不假思索，不拘形式，「漸至物來順應」，不期然而然，莫知為而為。不具體細微到某個擊中部位而又概括了某個部位的發力。這些勁力的發放，都表現出精神的高度集結，形體的鬆柔沉穩，勁力的彈抖協調，內外含蓄，周身上下相隨，氣勢一往無敵。

三、試聲訓練

試聲是輔助發力的。「氣宜鼓蕩，神宜內斂」。透過試聲訓練，調動全身每塊肌體參與發勁，用以補充發力之不足，使發勁更顯威力無比。試聲不是擊聲吶喊，不是吐氣吸氣，而是運用聲力內轉之法，通脈舒筋，調動體內所有能量，集結於勁力抖發部位。試聲時口內之氣不外洩。

初試訓練時，兩腿左右平分站立，兩臂背於身後，腰部以下徹底放鬆，不可有一絲僵緊。然後以口腔發「啊」音，逐步帶動以胸腔發出「啊」音，慢慢引導由口腔、胸腔、項部後壁同時發出，最後由腹中發出。試聲時要以意領氣，以氣代聲，以聲催形，以擊發點為聲止點。其聲悶如空谷回聲，幽谷撞鐘。

四、調步訓練

手眼身法步，步法為一身之根基，運動之樞紐。在推打實戰中，常有進退反側、縱橫高低的身法變化，抑揚伸縮的手法顯示，均須有龍形虎步，才可所向披靡。因此，必須進行調步訓練。

調步訓練須經過「拔步」與「滑步」兩個階段。

1. 拔　步

拔步屬於試力範疇的功法，是腿部的試力，意念要求完全與前面的試力相同，而應與手部試力同時進行。

在手臂試力進行中或進行後，先意念兩腿如站在淹過膝的泥水中，欲拔腿前行或後撤。開始拔步時，兩臂左右平

圖 19

架於身體兩側，約與肩同高，手臂保持掤勁。先慢慢往前拔後腿，並保持後腳底面與地面平行移動，前腿保持屈膝半蹲（圖 19）。當後腳移至前腳內側時，靠攏前腳，腳底面仍保持與地面平行（圖 20）。然後再意念在泥水中往前邁步，並有落地生根之意（圖 21）。

圖 20

圖 21

拔步要有淌泥涉水之意，故又稱「淌泥步」。兩臂要沉肩垂肘，掌心向下，有下按水中浮球之狀。也可意念腿被淤泥吸住，欲拔不能，而又不能不拔，欲行而又止，止而又行。一種爭抗之本能油然而生，無論前進後退，均在爭抗、爭力，與地爭，與空氣爭，與自己爭。在拔步中力求形不散而勁不斷。要身體中正

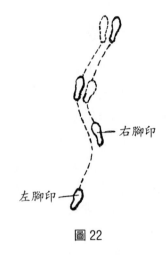

右腳印

左腳印

圖22

不偏不歪，筋骨空靈，出步如履薄冰，如涉深淵。運動如抽絲扯線，行步要緩且穩，緩優於急，慢勝於快。也可在拔回時腳掌內側擦地而回，在邁出時，腳後跟內側蹬地而出，故又稱為「摩擦步」。初始行走路線如圖所示（圖22）。如此往返若干來回。久練可使腿部沉穩有力。

2. 滑步

即「滑行步」（圖23、圖24、圖25、圖26）。它是在拔步的基礎上，在意不斷的情況下，逐漸加快步伐。要觀察在眼，變化在心，意念在三尺以外、七尺以內，如臨大敵，並在「假設敵」面前與敵周旋。積極調動步法，前進後退，橫閃側邁，高低縱橫，快慢伸縮，往復折疊，開合提頓，轉彎抹角，做到閃、展、騰、挪不至窮迫，而去掙搶利己方位，出招對搏，力爭生存。其「形如搏兔之鶻，神如捕鼠之貓」，行步好似游魚擺尾，腳掌又如雞爪踏青，忽快忽慢，

圖 23

圖 24

圖 25

圖 26

忽停忽走，因敵而變，因勢而動。故又稱為「鯉魚擺尾雞形步」。

為增強感應功力，還可在小腿部縛以沙袋來增加訓練難度。

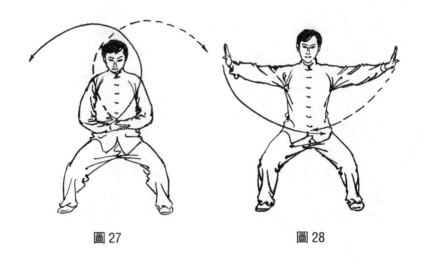

圖 27　　　　　　　　圖 28

第三節　其他輔助功法

　　因每個人的身體狀況不同，可在站樁功以外，酌情選擇一些輔助功法來鍛鍊，從不同的側面來彌補自身不足。當然也可以不練。

一、固氣增力輔助功

　　1.兩腿左右平分，屈膝下蹲成馬步站定；兩掌在腹前合攏，左手在上，右手在下，掌心均朝上（圖27）。稍停片刻，然後雙手掌心向上托至頭頂，同時以腹式呼吸吸氣提肛，舌舐上月咢，意念太空之氣吸入腹內。隨後徐徐呼氣，兩臂同時向左右兩側分開撐展，雙掌向外平推出去，掌指朝上（圖28），並意念內力順著兩臂直達手心。撐臂時全身不可僵緊，要沉肩鬆腰，頂勁上領。氣呼畢，雙臂再緩緩

落下，收回合攏於腹前。如此
反覆若干次。

2. 保持馬步站定，兩臂向
前平舉，與肩同高，兩掌心朝
前平推；同時含胸提肛，舌舐
上腭（圖29）。

先呼氣，意念內力由雙臂
直達掌心。吸氣時，雙臂保持
不動，呼吸均須勻慢細長。第
二次呼氣時，須在第一次呼氣
推掌的基礎上再增加內力向前

圖 29

平推，一次比一次增強內力。如此反覆 49 次。然後放鬆收
功。

二、輔助器械

在基礎功法的訓練中，常借助輔助器械來增強直覺感，
幫助掌握意念、形體、勁力三者的協調配合。

輔助器械很多，只要留意，任何東西均可用來做為輔助
器械，甚至包括周圍的水、石頭等各種可以利用的東西。不
過，規範的器械，常有槓鈴、砂包、大杆子、皮帶、短棒
等。

1. 抖杆子

在武術中，用較粗的白蠟杆木棍製成一丈多長的大槍稱
為「大杆子」。反覆練習大槍的基本動作，以達到兩臂脅力
及彈抖功夫的過程，俗稱為「抖杆子」。有兩種扎法。

圖 30

圖 31

　　第一種扎法，先以馬步站定，兩手握槍杆，右手小指與槍把底部齊平，左臂伸直，槍杆緊貼胸部，然後左手逆纏絲擰槍杆做攔槍動作（圖30）。再順纏絲擰槍杆做拿槍動作，然後成左弓步，同時右手用力向前推槍做扎槍動作（圖

圖 32

圖 33

31）。並以意念將勁力通過手臂、槍杆直達槍尖前方。

　　第二種扎法，仍以馬步或弓步站定，用手提槍上挑或上崩槍，下劈槍、上崩槍時上身向後坐，成高撲步（圖32）。下劈槍時身體向前撲成左弓步（圖33）。或雙手平

圖 34

舉槍，槍杆緊貼胸部，然後左右橫撥（圖 34）。無論上崩下劈，左右橫撥，均須意念勁力直達槍杆前部，猶如大風卷樹，拔根欲起，或力劈山岳，玉石俱碎。還可以順、逆纏繞槍杆，訓練兩臂纏裹之勁。

2. 擰擺短棒

選一短棒，粗細適中，長約半身高。兩手各抓短棒一端，兩臂向前平舉，雙腿左右分開，屈膝下蹲成馬步（圖35）。然後雙手擰絞短棒，欲將其擰裂，或左右弓步變換，兩手抓短棒左右內外纏繞擰絞（圖 36）。不論何種姿勢，關鍵是用意念去爭抗、去抓、擰，以此來增強手臂勁力。

3. 抖皮帶

將兩根寬 4～5 公分、長約 1.2 公尺的皮帶合併在一起，用來訓練兩臂的抖發勁力。抖皮帶可採用定步抖法，也可採

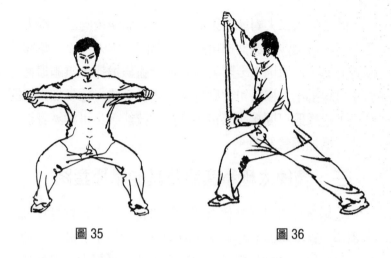

圖 35 圖 36

用動步抖法。定步抖法是先兩腿分開站立，兩手分握皮帶兩端，左手猛向左後下方拉動，同時右手向左肩前上方抖發，使兩根皮帶相拍作響。然後右手再猛向右後下方拉動，左手向右肩前上方抖發。如此左右交替進行。

動步抖發時，可進步，亦可退步，還可轉身。在動步落腳的同時，或前、或後、或上、或下地抖發皮帶。此時必須意念與「假設敵」推打實戰時正在擲放對方。抖發時要兇猛，且發力時要配合呼氣。

4. 擲砂袋

用舊帆布縫製成略此籃球大的袋子，內裝細鐵砂及少量糠皮、綠豆，並根據個人體質將沙袋重量控制在 3～8 公斤。練習時兩腿左右分開站立，一手先抓沙袋猛向上方拋起，當沙袋落下時迅速用另一隻手搶抓，並順勢下擺畫弧再向上拋起。如此交替練習多次。

擲沙袋以二人對練效果更佳。甲方抓沙袋向乙方擲去，乙方用手抓接沙袋順勢擺再向甲方擲回。兩人可以不斷變換拋擲姿勢，但原則上要順著沙袋運行弧線搶抓，再順慣性之力畫弧線擲出。擲時可調動身法，變換手法，逐步加大拋擲難度，這樣既可間接訓練接手遞招的技能，又可鍛鍊身法、步法，增加兩臂臂力。

三、演練太極拳套路及其他拳種套路

太極拳套路以及其他拳種的套路實質上也是推打實戰的基本功。練太極拳套路俗稱「盤架子」，這是訓練知己功夫的一種手段，是把技擊手法連貫起來的一種試力。既然是試力，就應該慢而不快，應在「假設敵」的設想意念中進行盤架子。

練太極拳要以陳式太極拳老架套路為主，再適當加練一些形意拳的單式。盤架子前必須先站樁，緊接著試力，在中氣貫足的情況下，心靜體鬆地去練。

盤架子時要做到「四練」，一練心靜，二練身靈，三練氣斂，四練勁整。「心不靜則不專」，舉手投足全無定向、無目標，身不靈則進退反側難以自如，氣不收斂必散漫，難以呼吸通靈，開合有致，勁不整則虛實不明，發勁無根。練太極要氣勢騰挪，神聚氣斂，初練開展，後練緊湊，先畫大圈，後畫小圈，逐步畫成無形的圈，這就是勁由內換的「引化」之功。

要仔細揣摩體會到化走勁的技巧，在曲中求直，蓄化而後發。要有心去求柔，在無意中成剛，在纏絲勁力中求轉折，在轉折中求剛發。這樣才是真正地練太極拳。

基礎功法的鍛鍊要做到掌握原理，持之以恆，既要細心研究，更須刻苦訓練，根據個人具體情況，每日安排練功時間。如能根據四季的節令，一晝夜的時辰，以及每月逢初三、初八、十五、十八、二十三、二十八日和兩分（春分、秋分）、兩至（夏至、冬至）的前三後四（前三天開始至後四天結果），在晚上亥子丑交定勢站樁，其效果更佳。

第四節　禦敵基本素質要求

一、精神方面

「兩人交手，各懷爭勝之心」。搭手急出招，擊手要勇猛，「類似鷹鷂下雞場」。拳要打擊八面威風，腳要踏中央之土，藐視對手如入無人之境。

以神逼人，以技克人，發手應敵，開聲吐氣，亂敵心意，壯我氣勢。頭要撞人，手要發人，身要催人，步要過人，腳要蹬人，神要儡人，氣要襲人。舉動有神，招招得法，練時情中有，用時形內含。要「內固精神，外示安逸」。要心靜氣斂神聚，心靜可氣不上浮，保持形體鬆沉之良好狀態，氣斂則神不外溢，氣勢宏厚，運力得其氣勢，則增其勁力。吸則提勢拔高，可將人擲得起；呼則鬆沉穩健，可將人放得出。神聚可使勁力內入骨髓，外達肌膚，動則周身鼓蕩，氣勢騰挪，身如龍虎之動而全無定勢，其「神似捕鼠之貓，形如搏兔之鷹」。

故臨場要聚精會神，不可走思；內外相合，動靜相間，顯示出氣勢雄厚、沉穩靈活的彈性體能。

二、形體方面

透過前面站樁功與動功的訓練，要使形體素質達到如下的綜合要求。

1.頭項部位

頭要虛靈，項要鬆直。頭為一身之主，大腦思維之所在。頭要領起精神，頭頂項豎，虛靈挺拔，猶如「神仙一把抓」，切忌前俯後仰，左歪右斜，影響了推打實戰時動作的收吞吐放。只有精神提起，才無滯後之慮。

「虛靈」是要求頭向上領，而不是使勁上頂，以免失去頭部的靈活和主導性。同時配合叩齒、舌舐上腭未輔助頭部的虛靈與項直。

雙眼要注視敵方的全部，要觀其意向，識其方向，望其風向，察其色向。神情含蓄，氣靜神怡，又有助於「聽勁」「懂勁」。耳要靜聽，靜聽又有助於全神貫注。

2.軀幹部位

含胸裹腹，拔背塌腰，提肛圓襠是軀幹部位的總體要求。

胸要放鬆，往裡虛含，要有空洞之感。不挺胸，可以使氣不上浮而下沉，做到裹腹，重心也就隨之下沉，增加了根基的穩固作用。同時尾閭要中正，脊柱上提，肌肉橫擴，產生拔背脊柱提的上下拉伸作用，如具有彈性的彎弓一樣便於力發。含胸與拔背是互為的，只有正確地含胸，才能有效地拔背，才能「牽動往來氣貼背」。拔背的同時要配合塌腰，

塌腰即鬆腰，腰部鬆和不使僵緊，才會在接引轉化對方勁時周身隨和，上下協調。提肛圓襠要意念收提會陰與小腹，但不可用拙力故意提吊。圓襠而不夾襠可使胯部鬆活，利於下身肢體運動的敏捷轉移。

3. 上肢部位

總體來講，要做到鬆肩撐肘，突掌塌腕。

推打實戰中，上肢是先鋒，它首先與對手接觸，其形體要領至關重要。肩為上肢的根節，與軀體連接的樞紐，必須鬆沉前合，以利勁發。肩不可上托，托肩則背緊，不利於變招換勢。沉肩可使肩鬆而腋肋之間虛空，手臂得此空間而活動更顯自如，「黏沾連隨」「引進落空」更顯順暢。

肘是上肢中節，橫垂皆宜，貴在屈使。因此，肘要撐擴，不可簡單地只是「垂肘」。垂肘只是在得機得勢的情況下準備彈抖發放對方時出現，單純地垂肘會被對方壓住封死，無法出招而被動挨打。撐肘包括了沉、垂、橫、擴、盤肘的用法。注意不可輕易「吊肘」，吊肘易使根基漂起，中線暴露而被擊出。撐肘要根據招勢變化隨機屈使，連環應用。

手為上肢的梢節，直接與對手接觸。在變化無窮的推打實戰中起著不可替代的作用，是禦敵的第一道防線，要「全仗兩手佈機關」。因此，手型要因勢而異，不拘一型。掌、爪、勾、拳均可出現，它隨著接觸對方肢體外廓及自己手法應變的需求而改變，但多以掌型為主。掌型還須在手指的輕柔屈伸、彈捏點捌的配合下發揮作用，而在推發對方瞬間，手心總要虛含，虎口相對要撐。

4. 下肢部位

下肢即腿，包括胯、膝、腳。要求是縮胯扣膝，十趾抓地，上面兩臂相搏，下面兩腿相隨。胯是下肢根節，是連接身軀的樞紐。提肛縮胯，可生立木千斤之力，縮胯扣膝可使腿部增加彈性，與上身相呼應而產生一種虛實互為、橫進直逼的剪勁。

膝為下肢中節，是行步調身、支撐八面的關節。兩膝屈伸似揉面，膝的屈伸提放，起著虛實替換、閃展騰挪的作用，在逼緊對方時，又起到控制對方下盤，制人跌撲的輔助作用。膝部宜內合，不宜外展，宜屈不宜直。

腳為下肢梢節，是全身的基礎，勁力生於腳而變換在腿，要行步如趟泥，十趾抓地如雞形，兩腳抽換，跟步如風。

三、應招法則

如何在保護好自己的前提下制服對方，除自身基本素質要求外，還須遵循如下一些應招法則。

1. 以上壓下，搶佔形勝之地

舉手迎敵，手略提高，力爭搶佔上風，壓於他手之上。進攻之手始終不離對方鼻、胸中線，中氣上領，身略前侵直逼對方，從各方面迫使對方不得勢而無法出招。

2. 走圈畫弧，勁由內換

走圈畫弧，引化他勁，勁由內換，蓄而後發。這圈是立

體的球，可大可小，大圈其弧趨於直線，小圈可小到只有圈意而無圈形的點。這是一個勁由內換的走圈不見圈、出手不顯形的「虛手」，要求全身鬆柔似無骨，一旦放開都是手，練就處處畫弧、一動全動、勁力行走於筋骨之間的內換功夫。

3. 順勢斜化，借力打人

將對方打來之力順勢斜化，然後借其勁力將其打擊。這要借助「聽勁」、「懂勁」的功夫，「隨人所動，隨曲就伸」。要人不知我意，我獨知人勁，要「黏沾」在手，「連隨」在步，逢虛則守，逢實必發。「順人之勢，借人之力」，乘虛而襲，乘襲而擊。還要做到全身鬆靈接觸點處掤的「體鬆點緊」的搭手要求。

4. 守中護中，奪位放人

此條法則尤為重要。「中」，就是人體從頭到腳的對稱中軸線，重心的位置就在此線上。「守中」，就是守住中線，護住中庭，絕不可讓對方擊中。

兩手前伸後撤，左右逢迎，絕不可太開展，更不可太貼近自身。要求腋半虛，臂半圓，不時地調整身法，調動步法，顧前盼後，直踏中門，以奪其位，直奔對方中心，搶佔有利方位。當進則進，當退則退，逢閃必進，逢丟必打，得機得勢，得手必發。

5. 開合收放，應機而發

搭手擲放，只在哼哈之際，即要完成「聽、化、拿、

發」四個階段。這四個階段中，各種勁力相互轉換，密切結合，難分彼此。細分析起來，任何招勢不過一分一合、一收一放而已。任你千變萬化，一驚而即敗之。

接手要知機變勢，應機而發。無論千般要求，萬般規則，均要練成自身一體，在有形無形之中，有意無意之間，來無形，去無勢，龍行虎躍無定勢。直進而橫出，豎擊而斜引；柔來而驚彈，剛入而纏繞。不必刻意求來勢，沾手即引，順勢即發，發則如電擊雷鳴，意欲擊透其骨入其臟腑。要神透、意透、勁透、目透。意達數尺以外。

6. 發聲吐氣，以壯其威

擲跌對方時，意欲氣貫四梢，可配合呼吸，發聲吐氣，既壯聲威，又亂對方心意。吸升而呼降，吸化而呼發，吸收而呼放，吸含而呼展。吸要氣隱含蓄，呼要氣達四梢。上提擲拋，常以「哼」聲以肋其勢；平推彈抖，多用「哈」聲以助其勁，拍按揉採，又用「咳」聲以顯其威。功力深厚者，其聲由內轉，用聲而不出聲。

【第二章】

基本推法要領

第一節　定步單手基本推法

太極拳推手的定步單手推發技巧，在實用太極拳技法中佔有很重要的一環。古往今來，高手們多以單手定輸贏，接手發放僅在瞬間。正確掌握定步單手推發技巧，是走向推打實戰的關鍵。

一、搭　手

甲乙雙方（甲為穿黑鞋者，乙為穿白鞋者，下同）同時邁出右腳，兩腳內側相距約一腳長距離，腳尖朝正前方；二人右手腕相搭，高與肩平，左臂均側架於左側，約與肩齊（圖37）。

【要領】：二人搭手，搶佔形勝之地。此處甲右手壓於乙右腕上方，為有利之形。二人均屈膝半蹲，成高坐步。重心落於兩腿間，但應稍偏後腿。同時要頭虛領，肩下沉，肘下垂。腕下塌，腋半虛，臂半圓。甲右手掌應有前探下按之意，乙右手應有上掤回捋之意。雙腳踏地、氣沉丹田，周身鬆靈沉穩。

這裡特別提出，搭手或今後的推打跌放姿

圖37

勢應力求保持前面站樁功框架，做到一動無有不動的整體運動。因此，此處閒置之左手並不閑置，要側架前舉，處於隨時應敵的臨戰狀態，這是形不破體的明顯特徵。二人相搭之右手，要一觸即鬆，不要使大勁，也不可沒有掤勁，如打足氣的輪胎，有圓擴外撐的作用。要由皮膚的接觸感知對方的力量與作用，這就是「體鬆點緊」的體現。

二、基本平圓推化

1. 甲平推乙胸

甲以右手直接向前推按乙胸，乙向後縮身，右臂屈肘接引甲右手。（圖38）。

【要領】：因甲搶佔了形勝之地，故甲在「得勢」的情況下進攻乙，即所謂「奪位放人」，要向乙胸部中軸線推擊。甲在施按勁推發乙時，腰須向後撐圓，以鬆腰坐胯，撥背鬆肩之勢向前按去，本身形成對開之勁，乙必須以右手臂的掤勁緩衝甲右手的推按勁。要不即不離，不頂不丟，不要硬頂，亦不可太軟，使甲推按之右手不能貼近自己前胸，又不能迅速推入，借以給自己爭取出迂迴引

圖38

圖 39

化，轉而出招的時間和餘地。乙要向後坐身，但不可後仰，同時要向右或向左旋腰纏臂來引化。向左或向右旋轉腰須根據對方推按之勁的偏斜情況來定。

兩人腳尖、腳跟均不可離地，甲右手推按一般遠不過前腳，做到手與腳齊，肘與膝齊，上身中正，遵循「手到腳到」「立身中正」的原則。

2. 乙引化反推甲

乙右側轉身，向右外側引化甲右手，並順勢向甲胸部推按（圖 39）。

【要領】：乙推按甲的要領與前面甲推按乙的要領相同。甲承接要領同前面乙。

甲、乙平圓推按引化，反覆練習。

註：小指引向掌心方向為順纏絲，拇指引向掌心方向為逆纏絲。

圖 40

三、基本立圓推化

1. 甲旋臂上翻推乙，乙捋化

接上動。乙以右手推擠甲，甲右前臂遞纏絲上翻引化，然後向乙頭部推擊。乙向後坐身並右轉，以右手順勢捋甲右手腕（圖 40）。

【要領】：在上動中，乙推擠甲，甲須先含胸縮胯再右前臂遞纏絲上翻，注意不可使乙右手逼近自己的胸部。右手上翻前推時高不超過眉（與站樁時要求相同）。乙在承接引化甲右手時，要後坐身側轉腰，順甲之勢，借甲之力，向後引化，但要保持立身中正，十趾抓地。如果甲右臂長驅直入，左手應控制住甲右肘或右肩處，必要時可補手於此向外按發。這就是閒置之手不閒的原因及始終保持站樁功框架的重要性。

圖 41

2. 乙推按甲腹，甲垂臂逆旋引化

接上動。乙引空甲推力後，順勢向甲腹部推按。甲撤身左轉，右臂下垂並逆纏絲旋轉，使乙推力走空（圖 41）。

【要領】：甲須坐胯塌腰，下身堅實，上身虛靈。右前臂下垂，並逆纏絲向下旋插或向上旋提，均可使乙右手如同推在滾動的圓柱上而引化。甲、乙兩人手臂接觸點即為旋轉的圓球之切點，這個切點不可貼近己身，必須將其引化出去。此處甲採用「單鞭」式。

圖 40、圖 41 所示動作可連續反覆訓練。

3. 乙推甲面部，甲逆纏絲旋臂提化

乙右手向甲面部推去，甲以右手腕承接，逆纏絲向外上方旋轉前臂，將乙右手推力引化（圖 42）。

【要領】：乙推來之右手偏高，甲順勢上掤右前臂，同時逆纏絲向上提引，使乙右手如同推在滾動的軸上而失力。

太極拳實用技擊法

圖 42

圖 43

四、絞手亂環推化

1. 乙推甲腹，甲採挒乙腕

乙用右手推按甲腹部，甲右手逆旋翻腕，用掌指採住乙右腕，向右後下方挒帶（圖43）。

圖44

【要領】：乙推按甲時，如果身體前傾，就容易被甲順勢採拿捋帶而向前撲跌。甲右手用採而不是用抓，採在手指，屬擒拿手法，要實而不可抓死。甲側轉身與下採要協調一致。

2. 甲推乙面部，乙側身平捋

接上動。甲右手推擊乙面部，乙右側轉身，同時右逆旋採甲右手腕向後平捋（圖44）。

【要領】：在上動中，乙被甲下採右手，使上身前傾，頭部與上身暴露給甲。甲推乙頭部，屬於得機得勢。遵循「奪位放人」的原則，乙此時須用右手沾黏連隨，在不丟不頂中跟蹤甲右手，順勢捋帶。

3. 甲下按乙腿，乙順勢下採

接上動。甲疾坐身下沉，順勢下按乙右腰。乙以右手下採甲右手腕（圖45）。

圖45

圖46

　　乙左手在必要時按壓在甲右肩後側，可與右手形成合捋之勢（圖46）。

　　【要領】：上動中，甲被乙平捋時，須立即鬆肩下沉，右臂外旋下按乙腰。因甲右臂直逼乙胸，所以，乙閒置之左手有必要補壓在甲右肩肘處。

4.乙推甲胸，甲側轉垂臂引化

　　接上動。乙用右手推按甲胸、腹，甲左轉後撤身，右手

圖 47

腕下塌，右前臂下垂逆纏絲旋壁引化（圖47）。

【要領】：當乙右手推甲，其推力偏左時，甲沒必要一定向右引化，可以順勢左側轉身，右臂下垂旋纏，如同一根垂直的滾柱，使乙推力在其上打空。這就是「用重不如用輕，用輕不如用空」的妙手。

5. 甲推乙胸，乙側轉盤肘引化

接上動。甲用右手推按乙胸。乙左旋腰後撤身，右臂盤肘逆纏絲向外引化（圖48）。

【要領】：與上動相比，是同樣的推法，不同的引化法。甲採用垂臂旋轉引化，乙採用盤肘旋轉引化。甲在乙前胸暴露而襲擊乙胸時，乙右手緊跟甲右手回抽，並順勢左側轉身，盤肘逆旋，瞬間完成「接、引、轉、換」的過程。兩人始終保持樁功框架。

這時甲右下身空擊，乙即可右手直推甲腹，又回到圖

圖 48

43 所示動作。

　　從圖 43～圖 48 所示動作可反覆練習。這個單手推化的
運行線路，是走了一個立體的陰陽太極圖，故稱為亂環推
化。但每一個動作均可作為單獨的進攻和防衛手法。

　　在訓練中，要刻刻留意以腰為軸，旋腰轉胯，十趾抓地
而不要輕易起腳跟或翹腳尖。膝關節以上要輕靈活轉，做到
上輕下穩。

五、順步絞手亂環推化

　　搭手較技往往不及思量，無暇揣測對方出何手何腳，只
能隨手接引，順勢轉化，走、引、化、拿、提、抽、開、
合，皆在有意無意瞬間完成。因此，順步絞手常出現在突發
性交手中。

1. 乙順步左手推按甲胸，甲右手引化

乙進左步，順步用左手推按甲胸。甲後撤左步，左側轉身，以右前臂挎肘立臂向外截引乙左手腕，並順纏絲旋臂引化（圖49）。

【要領】：乙順步推掌，勁力不可過界，過界極易

圖49

失重而被對方牽引並借力發出。甲在應急之中撤左步，右腿在前。乙正面推甲，甲一撤步轉身即成斜面，守住了「中實線」，同時豎立前臂順纏內旋，以滾動的前臂引空乙的推力，巧妙地在「守中護中」過程中引化對方。而且乙急進則急應，緩動則緩隨，力避頂、抗、丟、癟，切忌右前臂緊貼身體。

2. 甲右手推乙，乙左腕纏絲引化

接上動。甲右手直擊乙頭左側，乙左手回帶，以左腕上掤逆纏絲引空甲右手（圖50）。

【要領】：在前動中，乙左手被引空，甲要奪位放人，乘隙而擊，故甲直接擊右手以捋勁擊乙，效果更佳，此處用推按。甲乙二人都遵循「手不空出，亦不空回」的原則，出

圖 50

要推打，回要鉤
掛。乙回手鉤掛，
塌腕外旋，走出
「側身雲手」的勁
力，在左腕部形成
一滾動的小球，使
甲右手推力打空。

3. 乙翻拳外捋

圖 51

　接上動。乙左
掌繼續外旋翻轉，由腕掤變成掌捋（圖 51）。

　【要領】：太極拳推手中有一種「長勁」，即後勁推前
勁，形成勁力加速。甲在此用長勁，乙坐身翻掌採捋，捋在
掌中要順勢輕帶，這叫「你以手來，我以手往」，即引即
打，引完了也打完了。

圖 52

4. 乙順步推按甲胸、腹，甲順勢下採

接上動。乙順步用右手向甲胸、腹部推按，甲抽手順乙左手推勁向右下方採挒（圖 52）。

【要領】：中實不發藝不精。在前動中，甲右手被乙挒出，前胸中實線暴露，門戶大開，乙採取「中實得發」原則，及時進攻推發。甲右手借乙推按勁順勢下採，引化即是打，打即是引，要側身坐胯旋腰來完成。

5. 甲順步推乙，乙反手採

甲順步以右手推發乙胸、腹部，乙左手反抓甲右手腕下採（圖 53）。

【要領】：乙採用這種反手採法，其有利之處是當引空對方的瞬間，即可反掌逆擊對方頭部。

圖 53

圖 54

6. 乙順步推擊甲，甲撤身橫截手

接上動。乙及時反左掌向甲胸推擊，甲右手上旋，由身右側向左前下方橫截乙左手腕（圖 54）。

【要領】：甲撤身橫截，為推打實戰中的「打截手」，

即避開來勢攔腰打，閃開其鋒頭，從橫側面截撥。截手橫豎找，中在得橫。要逢閃必進，逢丟必打。

在該小節中，從圖 49～圖 54，每一動作均可單獨訓練，也可互相連接起來練習。主要訓練順步同側單手的引化技法，為後來雙手亂環推化打下基礎。

在本節單手「走、引、化、拿」的技法中，要掌握螺旋引化，切忌直化，要曲化直發，曲中求直。引勁是「聽勁」過程，引化路線不宜長，長則易丟手。引化要為下一步推發鋪墊手法。引化要「借」對方勁，即引即借，隨到隨發，不假思索，「順人之勢，借人之力」來之順迎，去之順往，真正體現「四兩撥千斤」之妙。借勁要得機得勢，要敵勁已出而未達之一剎那。「採拿」出在「引化勁」之後，是由擒拿法的「節、拿、抓、閉」引伸而來。要重點拿對方腕、肘、肩等活關節處，動作輕靈如採摘花朵，故又稱為「採」。要做到「拿前不知覺，得知已跌出」。

第二節　定步雙手基本推法

一、合步雙手平圓推化

1.雙搭手

設甲乙兩人均右腳在前，合步站立。甲乙兩人以右手腕相搭，左手掌搭於對方右肘外側（圖55）。

【要領】：兩人雙臂均須掤起向外撐圓，並沉肩擴肘，使肘不可貼肋，全身保持整體的樁功框架，有破而不開，撞

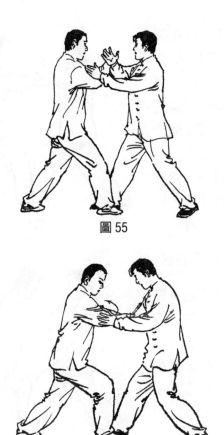

圖 55

圖 56

而不散之勢，有「上欲動而下自隨，下欲動而上自領；上下
動而中間應，中間動而上下合」之狀。

2. 乙雙手按甲，甲引化

　　接上動。乙雙手旋腕翻掌，使右手按甲右手腕，左手按
甲右肘外上側，雙手合力向前、向下推按甲（圖56）。

【要領】：按在腰
攻。乙推按甲肘，腰要
後撐，並沉肩坐胯，與
向前按之勁形成對開之
勢，欲將甲右臂按貼於
甲胸部然後推發出去。
甲此時要後撤身，含胸
收腹，以右臂掤住，切
忌使右臂貼於己身。

圖57

3. 甲上托乙右肘

接上動。甲右臂先
順纏絲下引，化掉乙推
按之勁，隨之逆纏絲上
提，同時雙手旋腕翻
掌，以右手推乙右手
腕，左手推托乙右肘
（圖57）。

【要領】：甲由引
化乙推按之勁改為推托

圖58

乙手臂，必須在旋腰轉膀、隨曲就伸、不丟不頂的原則下進
行。乙同樣要以掤勁撐住，緩緩往回引化。引化要走圓弧。

4. 甲雙手推按乙，乙引化

接上動。甲隨著乙向後引化，雙手由上托改為推按乙右
臂，欲將乙推出（圖58）。

圖 59

【要領】：乙後撤，含胸收腹，旋腰轉胯引化。

以上圖 55～圖 58 動作可循環練習。掌握活肩、轉胯、旋腰、順臂，肩胯吞吐收放的技巧。

二、合步四正手轉打循環推化

1. 雙搭手

甲乙兩人均設右足在前，合步站立。右手腕相搭，左手按於對方右肘外側（圖 59）。

【要領】：雙臂均須內含掤勁，手高不過眉，低不過臍，與站樁功姿勢保持一致。立身中正，十趾抓地，沉肩擴肘，刻刻留意對方勁力的虛實變換。

2. 乙雙手捋甲

乙右掌逆纏絲外旋，採捋甲右手腕，左手附於甲右肘外

圖60

側，協助右手合力将帶甲右臂。甲左手收附於右肘窩內側圖
（60）。

【要領】：乙将甲右臂，須右側轉身屈膝坐身，身不可
後仰，将要輕使勁，借勁而走，意在掌指中，右手用拇指配
合中指及無名指輕拿甲腕內關之穴。乙右手與左手之托須形
成鉗口之勢，瞬間產生提托之勁，方為妙手。

3.甲擠乙

接上動。甲左手貼附於右肘或前臂內側，與右臂合力向
前平擠乙胸（圖61）。

【要領】：擠要橫走，勁力使於前臂，直逼對方胸部，
左手附於右前臂以增加擠力。擠勁不過膝，上身不可前傾，
過則失重。擠時須腳步踏實，腰部發勁，以補掤勁失勢之
手。甲右臂橫擠時還須內旋順纏，形成螺旋之勁。乙須合胸
坐胯，但不可後仰，兩手不可被甲擠貼在身上，要留有轉換
手法的空間。

圖 61

圖 62

4. 乙雙手按甲

接上動。乙順甲擠勢，先後撤身，同時右手翻掌按於甲右手腕外上側，左手翻掌按於甲右肘外上側，雙掌合力向下、向左、向前按去，使甲擠勁落空（圖62）。

【要領】：按勁起於腰，須前按後撐，背向後擴撐，按

圖 63

時含胸坐胯，在順勢引化的過程中，向下、向左、向前螺旋
走向按出。在「六封四閉」「攬雀尾」動作中多體會此意。

5.甲穿掌擊乙面部

接上動。乙繼續向甲推按，甲左掌由右前臂內側順纏絲
向上穿出直擊乙面部（圖63）。

【要領】：甲須用右前臂的掤勁承接乙推按之勢，在含
胸右旋腰的配合下，上穿掌擊乙面部，以解被推按而跌出之
危險，此招為「退步穿掌」。因乙雙手推甲，胸部以上「露
空」，甲遵循「逢空必打」原則，以「轉打」手法來改變
「我敗人順」之勢。如果甲左掌不能及時穿出，就會被乙將
雙手封閉在胸前而被動挨打。

6.乙承接甲左掌

接上動。乙騰出左手承接甲打來之左掌，同時右掌兼顧

甲左肘（圖64）。

【要領】：「遇敵上前迫近打，顧住三前盼七星」。在推發對方的同時，還要照顧好自己的上下左右，守住中門，因此，乙順著推按之勢，左手又逆時針畫弧上接，有效地守住了自己的正面。

圖64

7. 甲雙手捋乙左臂

接上動。甲順勢逆纏絲翻轉左掌，抓捋乙左手腕，右手由下方承接乙左肘，雙手合力向左側捋乙左臂（圖65）。

圖65

【要領】：甲右手由下方轉向乙左肘外側時，須在接引中自然過渡。其餘要領同圖60中乙将甲的要求。

圖66

8. 乙擠甲

接上動。乙順勢右腿屈膝前弓，上身前移，右掌貼於左前臂內側，隨左臂被将之勢向甲胸部合力擠去（圖66）。

【要領】：同圖61動作中甲擠乙的要求。

9. 甲雙手按乙

接上動。甲感到乙擠勢迫近胸前時，雙掌心向下翻，改為按勢，左掌按乙左手

圖67

腕外上側，右掌按乙左肘部外上側，合力向下，向前推按乙左臂（圖67）。

【要領】：同圖62乙按甲動作要求。

圖 68

10. 乙穿掌擊甲面部，甲承接乙掌

接上動。乙右掌從左前臂內側順纏絲上穿掌，直擊甲面部，甲迅速以右掌承接乙右掌，二人右手腕相搭（圖 68）。

【要領】：同圖 63 甲上穿掌擊乙動作要求。

至此，又可返回圖 60 所示的乙将甲的動作。從圖 60 至圖 68 所示動作為一個循環練習，主要訓練太極推手中掤、将、擠、按四正手法以及勁路的運用。

這四正手為推手的基本技法，初練者必須分清「把位」，注意銜接點，搞清在什麼情況下使用什麼手法，如何使用。要時刻注意以腰為主宰，使周身靈活似轉軸，處處「守中護中」，保持椿功基本框架，力避頂、抗、丟、癟等毛病。單練時多以「六封四閉」「攬雀尾」等動作來校正姿勢和勁力。

圖 69

三、合步四正手截打循環推化

1.搭手

動作如圖59所示。

2.乙雙手推按甲

乙右手逆纏絲翻腕，搶按甲右腕上方，同時與托在甲右肘部的左掌合力向前下方直接推按甲右臂（圖69）。

【要領】：這在太極拳推手中屬於另一種變換手法。乙先以鑽翻之勁搶佔形勝之位，由上向下推按甲，同時身體須以腰帶動，身向右旋。推按之時須走出螺旋下鑽勁。此時，甲須後撤身，含胸收腹，腰右旋，右臂順勢下沉，化空乙雙手按勁。甲左手橫推乙右肘外側，屬於推手中的「橫截手」，即斜向打擊對方勁路的「腰部」，截斷對方的攻勁。

這裡乙按勁的「腰部」即為肘，甲配合右臂下沉，逼使乙的推按之勁斜向飄出而落空。這叫「丟頭、截腰、打尾」。

3. 甲上撩旋化

接上動。在乙雙手推按甲時，甲以右臂掤勁承接乙按勁，在向後引化的同時，略向右側旋腰，左臂由乙雙手下方上撩至乙左手腕外側，抓捋乙左手腕（圖70）。

圖 70

甲先以左前臂上架掤住乙雙掌按勁，替出右臂由左前臂內側下畫弧再從右側上撩附於乙左肘部，與左手合力向左採乙左臂（圖71）。

圖 71

【要領】：圖70與圖71是化打循環雙推手變勢的過程。該法旋腰轉胯的幅度較大。甲右前臂橫截乙左肘肩處時，形成了又一種「橫截手」，此為打截乙按勁的「尾

部」。此時甲右臂順纏絲上旋，與左手捋形成裹擰之勁，其攻擊力較大。常見於陳式太極拳的捋托動作中。

4. 乙擠甲

接上動。乙右手抽回，附於左前臂內側，與左前臂合力向甲胸部擠去（圖72）。

【要領】：甲在此動中捋帶乙左臂時，右手有上托乙肘之意，所以乙在補右手向前擠時，還須沉肩屈肘。其餘要求同圖66。

圖72

圖73

5. 甲橫截按乙

接上動。乙右手由下向上抓捋甲右手腕，左手由下向上撩托甲右肘，甲右手翻掌按乙右腕，左手橫按乙右肘或肩部（圖73）。

【要領】：甲引化手法採用了「中在得橫」的原則。從

圖 74

橫側面打擊對方中實線。此動作為陳式太極拳「前招」用法之一。甲雙臂需由下向右上方順時計畫弧斜方向截按，畫弧時須含胸收腹，以腰運動，雙臂掤圓，全身一動全動，在落點處驚抖而發。這屬於「截腰打尾」的推法。從圖 69 至圖 73 動作可循環練習，也可反覆單練。

四、順步四正手轉打循環推化

1. 搭手

可先設甲右腿在前，乙左腿在前，二人前腳略向前踏入對方圈內一腳距離，並且兩腿相觸，交叉站定。甲與乙右手腕相搭接，左手掌分別貼附於對方右肘部外側（圖 74）。

【要領】：甲乙二人相搭手時，必須兩膊鬆沉，不丟掤勁，沉氣圓檔，十趾抓地，相接觸部位要有向前、向上引伸的順纏絲之勁。同時兩人小腿相接觸，使下肢腿部與兩手配

圖 75

合，來增加引化擲跌技能。

2. 乙捋甲

接上動。乙右手逆纏絲翻腕，以拇指、中指和無名指採拿甲右手腕，左掌順纏絲上旋，協助右手合力向右後側捋甲右臂。同時，右腿屈膝略下蹲，身向後靠。甲此時須將左手順勢收回附於右前臂內側（圖75）。

【要領】：乙雙手合力捋甲右臂，但右手以逆纏絲採拿，左手用順纏絲上旋的托捌之勁。因此，從表面上看是捋手，實質上包含有捋、採、捌在內的綜合勁力，將手臂螺旋般地捋帶提拿，並像鉗口一樣卡住甲右臂。但在捋甲時，肘不可貼肋，留出自己兩臂迂迴之空間，並不丟掤勁，以防甲乘虛擠入。

3. 甲擠乙，乙反手下按

接上動。甲順勢左掌貼附於右前臂內側，屈右臂向乙胸

部擠去。乙旋腕翻
手，手心向前下
方，置於甲右前臂
上側向前下方按甲
（圖76）。

圖76

【要領】：擠
是掤勁的發展，甲
雙臂撐圓，合圍成
環形，有兩臂虛實
互補、左右相濟的
作用。甲右臂在被
乙採挒瞬間，迅速
旋腰轉膊，順纏絲
屈肘沉肩，以逆時
針弧形路線由左下
向右前方旋向擠
出。乙須及時變挒
勁為按勁，旋腕上
翻，沉肩縮身，按
壓於甲右前臂上

圖77

方，搶佔形勝之位，控制甲肘、腕兩關節。

4. 甲穿掌擊乙，乙接掌

接上動。甲左掌由右前臂內側上穿，擊乙頭部，乙以左
掌阻攔甲左掌（圖77）。

【要領】：甲被乙按勁直留下，必以右臂掤住，並在不

丟不頂的情況下向側面引化，同時後坐身上穿掌，用「轉打」手法來改變被動形勢。甲須以腰右旋，左掌順纏絲上穿。

5. 乙擠甲，甲採挒乙

接上動。乙右手附於左前臂內側，與左臂合力向甲胸擠靠。甲左手採挒乙左手腕，右前臂或右腕搭於乙左肘外上側，合力向左下方挒帶，使乙失勢跌出（圖78）。

圖78

【要領】：甲此動用下採挒勁，與圖75中乙挒甲略有不同。這裡甲雙手須有裹撐之勁，右手腕有下捌橫捌之勢。

圖74～圖78動作可連續練習，也可分開單練，重在掌握要領。

第三節　活步基本推法

推手主動，身欲動，必以步法周旋，上要憑手，下要憑步，步法敏捷才更顯手快之能。手法靈不靈巧決定於步法，活變不活變更在於步法。定步推手只是活步推手的特例，在敵順我背的情況下，更需透過步法來調整手法的正確旋展和勁力的有效發揮。

手與腿的協調要練到上動下自隨，下動上自領。要出於

圖79

有意無意間，不期然而然，莫之為而為之。手的變化取決於步，步的虛實取決於手。步分定步、活步、分前進、後退、左顧、右盼、中定。進前步可後步隨，退後步可前步撤，又可前步換作後步，後步換作前步，前後步應分虛實，左右步須知互為。活步不可滯重，步輕猶如貓行，步快又似脫兔，方顯活步之優勢。

一、單手推化

1. 甲單手推按乙

設甲乙兩人均右腳在前，合步站立。甲用右手推按乙，乙以右手腕掤接，同時上身向後移，引化甲推按之勁。兩人左臂均側架（圖79）。

【要領】：甲推按乙時，身體應保持中正，並做到肩、胯相對應，肘、膝相對應，手、腳相對應的「三合」。推按

圖 80

時要手到腳也到，保持站樁功推發時的基本框架。乙以右手腕掤接，並漸漸後坐身引化，須以腰為軸，右旋腰下引臂，但不可後仰身，且臂不可貼身。

2.乙進步推甲腹，甲撤步斜下採

接上動。乙化空甲右手推按勁之後，進半步，用右手推擊甲腹。甲右腳向右後方撤半步，順勢借乙推按之勁向右後側斜向下採（圖80）。

【要領】：乙突然進步推擊甲腹，使甲手法變換的迴旋餘地縮小，可用撤步和縮身來改變對方進攻之勢能，同時又可借對方之勁斜向引化。

3.甲斜跨步捋乙，乙隨步化

接上動。乙繼續順勢推甲，甲向右側斜跨右步，以右手抓乙右腕順勢向右側斜捋。乙順勢向左前側斜跨左步，隨勢

而化（圖81）。

【要領】：甲採用陳式太極拳「倒卷肱」一式的用勁方法，是順著乙推按勁路，向斜後方引化。右腳向後撤步要穩健，腳掌不可離地太高，腳踏地與手捋之勁應形成合勁。乙必須在隨動中跟步化，

圖 81

同時要沉肩鬆腰，右臂順纏絲下旋順勢掤化。

4.甲上步推乙，乙撤步平捋

接上動。甲進左步，右掌推按乙右肩或胸。乙退右步，右側轉身，以右手捋帶甲右腕（圖82）。

【要領】：在前一動作中，乙右臂被捋，右側面暴露給對方，所以甲上步推掌，這是「得橫而發」原則。乙此時必須撤步讓位，放空甲推

圖 82

圖 83

來之勁，並順勢以右手将帶，必要時，左前臂或左掌可橫捌甲右臂，以助右手将採之勢。

5.乙上步推按甲，甲撤步垂臂掤化

接上動。乙左轉身上右步，以右手推擊甲胸、腹。甲左轉身後撤左步，以右前臂逆纏絲垂臂掤化（圖83）。

【要領】：乙須在前動中甲撤步抽手時順勢進步推甲腹。甲當乙推按位置偏低時，可撤步下蹲，右手直臂下垂，同時逆纏絲旋臂，使乙右手如推在滾球上一樣滑脫。

圖79～圖83可循環練習，也可單獨訓練各動作。

二、順步四正手推化

1.乙擠甲

設乙左腳在前，左臂屈肘並以右掌附於左前臂內側合力向甲胸擠去。甲右腳在乙左腳外側，左腳在後，左手按於乙左手腕外上側，右手按於乙左肘外上側（圖84）。

【要領】：乙擠、甲按形成對峙，二人均不可丟掤勁，手不過腳尖。乙採用順步擠式，如果屈左肘擠而右腿在前，就成為拗步擠式。擠式要前後左右勁力均整，下體兩腳根基紮穩。

圖84

2. 甲中定步按乙

接上動。甲提右腳，向乙兩腿中間插步，同時兩手按乙雙肘（圖85）。

【要領】：甲踩中定步，雙手封住乙雙肘，遵守了「守中用中；奪位放人」原則，有效地打動乙的中實線，這是太極拳中定步與雙封肘的聯合使用。而且甲雙手推按之勁還要有一個向上掀的作用，身要前攏，步要過人，要近距離發人。

圖85

圖 86

3.乙退步捋，甲跟步

接上動。乙左腳後退一步，右手從左肘內向上翻掌採捋甲右手腕，同時左手從左下方繞出並橫挒甲右肘，雙手合力順著甲推按方向捋帶。甲上左步以保持平衡（圖 86）。

【要領】：甲之手來勢兇猛地推按，乙必須「進退反側應機走」，同時以挒手和採手合力向側後方捋帶。

4.甲進步擠

接上動。甲右腳順勢上一步，落於乙兩腿中間，同時右臂屈肘橫擠乙胸，左手附於右前臂內側協肋右臂擠去。乙右腳後退一步，重心後移，收胯含胸，雙手翻掌按壓於甲右肘腕處（圖 87）。

【要領】：甲當進則進，乙當退則退。「遇機得勢進退走」是調整手法的關鍵，上要憑手，下要憑步，步快才顯手

圖 87

快之能。乙退步取守
勢，要做到閃、展、
騰、挪，通行無滯，
靈活轉變。甲進步要
得法，同時要進身進
手。甲在擠式中要內
含肘靠，其攻勢更
猛。

5. 乙進步按甲

圖 88

接上動。乙略向
左轉身，同時左腳抬起踏入甲右腳內側，右手按於甲右手腕
處，左手按於甲右肘外上側，雙手合力向前下方按去（圖
88）。

【要領】：乙要做到手隨腳到，圓轉如神的靈便程度，
其要求與圖85甲按乙相同。

圖 89

6. 甲退步採捋

接上動。甲退右步，左手採拿乙左手腕，右手從下方繞出引化開乙按勁後橫挒乙左肘，雙手合力捋帶乙左臂。乙順勢進右腳，落於甲左腳外側（圖 89）。

【要領】：同圖 86 乙捋甲。

至此，乙進左腳，以左臂變擠式，甲退左腳成按式，又變為圖 84 所示動作。如此周而復始，反覆訓練。這一組動作俗稱「進三退二四正手推法」，又名「二人五步搶」。

三、合步四正手推化

1. 乙擠甲

設甲乙二人均左腳在前，乙右手附於左前臂內側，屈肘向甲胸前擠去。甲左手按於乙左手腕外上側，右手按於乙左

圖90

肘外上側（圖90）。

【要領】：合步相推，腳跟必須穩紮。腳穩才可身不搖晃。前後腳均須全腳掌踏地，不要輕易翹起腳尖。

2. 甲進步按，乙退步

接上動。甲含胸沉肩，向前下方推按乙左臂，同時提起右腳向前邁步。乙順勢提起左腳向後撤步（圖91）。

【要領】：引進搏擊之術，須運行於手腳之中，手進腿也進，方為實招。甲進步推按乙，其勁整力均，不偏不倚為正

圖91

發。乙在雙臂不丟掤勁的前提下再退步引化，為「接引轉換」手法的正確運用。

3.甲落步推發，乙落步引化

接上動。甲右腳踏入乙右腳內側。雙手繼續合力推按乙右臂，同時左手封住乙右肘。乙左腳向後落地踏實（圖92）。

【要領】：甲在此時以左手搶奪乙右肘，同時用雙手推按乙雙臂，比只推左臂效果更佳。乙此時必須含胸後坐身，兩臂

圖92

圓撐，不可下塌，始終保持掤勁，兩肩下腋部應虛空，似有彈簧支撐，使雙臂不貼己身。

4.乙退步採捋甲，甲隨步進

接上動。乙退右腳，右掌從左肘上部穿出採拿甲右手腕，左手由下繞上抓捋甲右肘，雙手合力向右後側捋帶。甲順勢上左腳一步，落於乙左腳內側（圖93）。

【要領】：乙被迫退步，同時以「退步穿掌」直擊甲面部，並以「閃通臂」採捌甲。實戰中乙左掌橫捌甲右上臂。

圖 93

圖 94

5. 甲進步擠乙，乙退步按

接上動。甲順勢進右腳落於乙右腳內側，左手附於右前臂處，雙臂屈肘合力向乙胸前擠去。乙退左腳，雙手翻掌下按甲右臂（圖94）

【要領】：甲進步與擠勁須形成合力，右肘不可超過前腳，以免失重。

6.乙進步按甲，甲退步掤

接上動。甲乘擠式欲提起左腳再進步，乙被迫提起右腳，但隨看乙按式的增強，甲右腳在離地後由進改為退一步，乙由退改為進步按，甲雙臂屈肘掤（圖95）。

圖95

【要領】：以上幾個動作，二人行步，進退全在於手法，出於隨心，至虛至靈。

接下來，甲退步採挒，乙進步擠。又從圖90至圖95周而復始。這一循環俗稱「進三退三」，又名「三環套」。

四、活步四隅手推化

以採、挒、肘、靠四隅手為主的活步推法與化法多以「大捋」形式出現。大捋，又名「隨手牽羊」，即在對方不經意之間，隨手一採，順勢一捋一帶。大捋動作幅度大，為了增強捋勢，常後撤一至兩步。

1.甲推掌，乙採拿

甲進右步，以右手推擊乙胸。乙後撤右步，以右手抓採

圖 96

甲右腕，左手橫捌甲右上臂（圖96）。

【要領】：採用手指之勁，要採準採實。要做到抓筋、捏脈，才不失武術根本。「二把採住不放鬆」，但不可死抓。要在應變過程中靈敏、巧妙地一採，使對方在被採一剎那失去控制。乙退步採捋，增大了採捋威力，迫使甲不得不進步隨之。

2. 甲上步隨

接上動。甲受採捌而順勢上左腳一步（如果甲一開始是進左步打右掌，則省去此動）（圖97）。

【要領】：甲上左步時應縮身沉肩，做好下一步靠打的準備。

圖 97

圖98

3.甲進步靠

接上動。甲順著乙採捋之勁，緊上右步，腳踏於乙兩腿之間，同時左手附於右臂內側，以右肘、右肩向乙胸部靠擊（圖98）。

【要領】：甲在此動中採用「進步靠」手法。當甲乙之間距離太近時，以肩靠為主，稍遠以肘擊為主。如果甲進步下蹲身，由下向上靠時，目標以腹部為主，可將乙挑起擲出，這叫「七寸靠」，即陳式太極拳中的「背折靠」用法之一。乙在此時，左手須向外橫捌甲右臂。

這三個動作中，乙退一步，甲進兩步，俗稱「進二退一」。如果甲由右步直接靠打，即為「進一退一」，俗名「一步倒」，或「將軍靠」。肩靠有前肩靠、後肩靠、側肩靠。肩靠時，肩不可超過前腳尖。

圖 99

4. 乙右掌擊甲面部，甲採捌乙右手

接上動。乙左掌向外橫捌，右掌擊甲面部。甲右臂由左下方向右上方順勢上揚，形成一扇形面攔住乙擊來之右掌，左掌同時上托乙右肘（圖99）。

【要領】：乙被甲肩靠時，可撤步閃空甲靠勁，同時左手向外橫撥，右掌直擊甲面部。此招為「高探馬」用法之一，原為長拳「迎門掌」。甲採用「玉女穿梭」用法之一將乙右手臂托起化之。

另一種練法是，當甲肩靠時，乙含胸撤步轉身變按式。乙還可用左掌擊甲面部，甲須改為左手採捋。

5. 甲轉身撤步採捋乙，乙隨步化

接上動。甲右手採拿住乙右手腕，左手採拿乙右肘，左腳向左前側跨一步，同時向右後轉體，隨之右腳向後大撤一

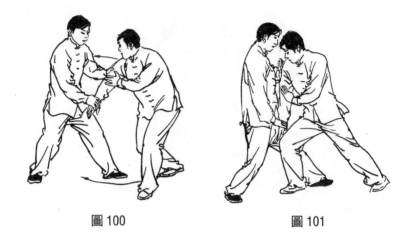

圖 100　　　　　　　　圖 101

步。兩手隨著轉體撤步順勢下捋。乙順甲捋式，右腳向前一步，身體右轉，隨之左腳跟進一步，落於甲身前（圖100）。

【要領】：甲轉身撤步下採捋，動作要連貫，一氣呵成，在轉身同時要沉肩坐身。乙被採捋時不可硬拉扯，要隨勢轉體，旋轉自如。

6. 乙進步肩靠

接上動。乙進右步，右腳踏於甲兩腿之間，並縮身下蹲，以肩肘靠擊甲胸。用含胸後閃，並以左掌向外橫捌乙右臂（圖101）。

【要領】：此動作中，甲調兩步，乙調三步。此時甲右掌擊乙面部，就變成乙採捋甲了。如此周而復始。從圖96～圖101即為大捋練習法。

【第三章】

基本化發要領

推手時常使用「引化發放」的方法，「化發」就是即化即發，與散手實戰的即化即打為同一個道理。化與發之間沒有明顯界限，而是結合緊密的一個動作的全過程，化的過程即是發的過程，化完了也就發完了。以柔為化、以剛為發，柔化中須有掤勁來「擎起彼勁借彼力」，在不丟不頂的前提下「四兩撥千斤」，引偏對方進攻力，而後借力推發對方。既要借力，就不可將對方勁力化盡。化盡而發屬於散手，化中即發屬於推手，所以是即化即發。化發的過程是一個往復折疊的過程，同時也是一個進退轉換的過程，這就是太極技法要求的「進退須有轉換，往復須有折疊」。

第一節　局部化發

身體局部關節，特別是肩、肘、腕等關節處的折疊轉換，在推手中有著至關重要的作用。如果這幾處關節被對方控制住，則極易被對方推發出去。因此，雙方都在竭力想辦法控制對方關節處，以取得形勝之地而得機得勢，乘勢發人。

一、控腕與化腕發

以手而言，腕為根節，掌為中節，指為梢節。控腕即俗稱「封腕」，是控制對方腕關節的轉換，封住對方手部抓拿、採挒、彈抖擲發等手法的施展，有效地佔據形勝之位，以致影響對方全身。

「化腕」與「控腕」是相對應而產生的。化腕是在化打中掙脫對方控腕而由被動變主動的技巧。化腕的方法多採用

圖 102

圖 103

塌、旋、立、提、垂、直、滑抽等腕部運動來實現。

例1 **甲雙手由上向下壓封乙雙手腕，乙旋腕而發**

（1）甲右手壓乙左手腕，左手壓乙右手腕（圖102）。

（2）乙左手上提，左腕順纏絲旋化，同時右手下沉，右腕逆纏絲旋化（圖103）。

【要領】：甲由上壓下封控乙手腕，為搶佔形勝之位，屬得勢之手。乙以腰左旋帶動左腕上提並順纏絲，與右肩下沉、右腕逆纏絲形成一個旋轉的力偶，使甲兩臂向乙左側同方向滑脫，為下一步乙用「前後招」手法橫向彈抖做好準備。

圖104

例2 甲折疊封控腕，乙化腕

（1）甲左掌封控住乙右腕，右掌封控住乙左腕，雙手立掌折疊乙手腕向前平推發（圖104）。

（2）乙右臂沉肩塌腕，右臂直腕順滑，將甲控制之手化脫（圖105）。

【要領】：甲採用「腕折疊法」，此手法在擒拿中為「順步窩蹄」，可使乙雙腕關節受挫而被迫後

圖105

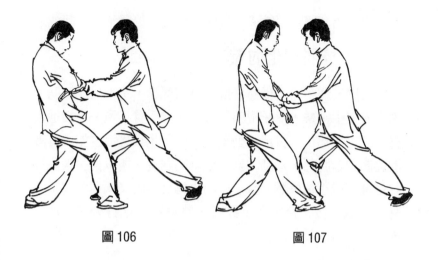

| 圖 106 | 圖 107 |

抽，甲即可順勢而發。這是腕折疊推法之一。乙在化腕時需右旋腰、屈膝坐胯下蹲，形成一個向右下方旋轉的鑽翻之力，從而化解開甲對自己手腕的制約，同時可以立即反擊對方。

例3　甲上托折疊乙腕，乙化腕發

（1）甲左手封控乙右腕，右手封乙左腕，雙手向上托乙雙手腕，並乘勢推發乙（圖 106）。

（2）乙雙手逆纏絲直腕下滑，兩手由胸前合力向下鑽出，順勢向後托帶甲雙臂（圖 107）。

【要領】：甲採用「雙托掌」手法，仍然是折疊乙腕關節的辦法，使乙腕關節受挫而不自覺地重心上提，從而被甲順勢擲出。乙須垂肘直腕，沉肩直臂下鑽，並外旋翻掌順勢托帶。

以上幾種控腕，甲必須順勢而做，在對方不經意之間忽

然為之。乙反應必須敏捷，旋腕、轉腰、纏臂須一氣呵成。

二、控肘與化肘發

肘居於臂中節，橫撞縱撐，左右翻騰，它不但能協助手來完成接引轉換，提托帶領對方進攻的手臂，還是直接進攻對方的主要部位。肘部活動範圍較大，也較靈活自如。有效地控制對方肘部，是制約對方全身的關鍵。所以控肘與反控肘是推發過程中爭奪形勝之位的重點。控肘又叫封肘，手法有托、截、按、合，有單控肘、雙控肘。化肘有旋、消、提、垂等方法及其組合。

例4 甲外雙合控肘推發，乙化肘發

（1）設甲乙二人均右腳在前，合步站立。甲左手附於乙右肘外側，右手附於乙左肘外側，雙手向中間合攏並向前推發（圖108）。

（2）乙向左旋腰，抽提左肘，並順勢以左手向左上方採捋甲右臂，右肘向下滑旋，與左肘形成對開之勢，化開甲左手，再伺機進攻（圖109）。

【要領】：甲雙手合攏封控乙肘，此法只能在對方垂肘抽臂的瞬間使用，即「得勢而

圖108

圖 109   圖 110

用」，是即封即發的過程。乙在旋腰順臂的同時，還須屈膝
下蹲，雙臂必須上下左右反方向纏絲來形成對開之勢。

例5　甲下托雙控肘推發，乙化肘發

（1）甲雙手上托乙雙肘（圖110）

（2）乙身向左
轉，兩腿屈膝下蹲。
兩臂順纏絲向兩側外
展。左臂提肘上捋甲
右臂，右臂再逆纏絲
直臂向前推擊甲胸
（圖111）。

【要領】：甲上
托乙肘，可使乙重心
上提、根基動搖而利

圖 111

圖112

於推發出去。乙化肘時應以螺旋之勁消肘引化，同時應屈膝下蹲身，有意降低重心，左右手形成前後對開之勢，以利於反擊。

例6 甲單控肘，乙撤步化

（1）甲右腿在前，乙左腿在前。甲左手抓採乙左手腕，右手側推乙左肘關節（圖112）。

（2）乙左轉身後撤左腳，同時提旋左肘，順勢抓捋甲左手腕，右手橫挒甲左臂。甲進左腿隨之（圖113）。

【要領】：乙化肘時須左旋腰轉身，沉肩旋肘，左臂逆纏絲上提來順勢引化，同時撤步大捋。此為陳式太極拳大捋手法之一。

以上封控肘往往是一封即發，得勢即進，不可遲緩。化肘必須鬆肩纏臂，順其勁力並在瞬間完成。

圖 113

圖 114

例7 乙單控甲肘，甲化肘發

（1）設甲乙二人均左腿在前，合步站立。乙右手採甲右手腕，左手上托封控甲右肘（圖 114）。

圖 115

圖 116

（2）甲旋臂化肘，即化即發，常出現以下三種情況：

①甲右臂迅速以逆纏絲提肘旋腕右側身，雙掌搶奪乙胸部推發之（圖 115）。

②甲旋臂進步擠乙胸（圖 116）。

③甲右臂順纏絲上鑽並進步，以立肘靠擊乙胸部（圖

太極拳實用技擊法

圖117

117）。

【要領】：肘部被封控，必以纏絲旋臂化之。順纏或逆纏應根據對方勁路的變化隨機應變，乘勢進身。進步往往踏於對方身後，使自身更接近對方，便於推發。特別像圖116所示，「連珠炮」和圖117所示「倒騎麟」進步捌肘化發更須進步進身。

例8 甲單控肘發

（1）甲進步以右手上托乙左肘，向前上方推發乙（圖118）。

圖118

圖119

（2）甲雙手斜托乙左肘，進步向前上方推發（圖119）。

【要領】：這是從側面控制對方單肘，以達到控制對方全身的封肘法。此法封肘與推發同時進行，其速度如迅雷不及掩耳，讓對方沒有反擊的餘地。

三、控肩與化肩發

控肩即封肩，就是閃開對方手臂的干擾，直接推發對方的肩關節，其打擊力甚強，因此化肩與控肩都非常重要。

例9 乙推按甲雙肩，甲化肩發

（1）乙進左腳，用雙手推按甲左右兩肩，欲將甲推倒。甲順勢後撤左腳，同時屈膝下蹲身，腰左旋，沉左肩，順右肩旋轉化解（圖120）。

（2）甲隨之用右手由下繞上，斜向左側推發乙左肩或

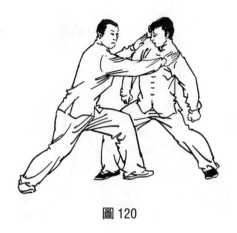

圖 120

圖 121

左肘，使乙跌出（圖 121）。

　　【要領】：甲化肩時，左肩下沉而消，右肩旋而順，形成順纏絲旋擰之勢，削弱乙的按勁。化肩要以肩關節的靈敏感應由轉肩活腰來引化對方所施加之力，使之落空而失重跌出。必要時可輔助以其他手法。

圖 122

第二節　補手化發

在單手應敵推發中，常因「功虧」而補手，「力過」而撤步。「功虧」是指自己功力不足，技法不精，或對方忽然打冷手使自己猝不及防時採用補手，以補不足。「力過」指對方勁力已突破前衛界線，不補手或撤步則難以扭轉被動局面。

一、定步補手

例10　乙順步推甲，甲補手引化

乙進右步，以右手猛推甲胸。甲右側轉身，用右手採持乙右腕向右後側捋帶。此時，乙順勢又以右肘向甲頂撞。甲迅速補左手於乙右肘關節處，向右橫截乙右臂（圖122）。

圖123

【要領】：乙被甲捋右臂時，順勢又以「順鸞肘」肘法進擊甲胸，此時甲若不補左手，極易被乙右肘擊中胸部，故應補手。補手一般應控制對方重要關節部位，並應順著對方進攻之勢，順力而發。

二、活步補手

例11 乙推甲，甲撤步補手下採

甲乙二人右腳在前，合步站立。乙用右手推擊甲胸腹。甲右腳後撤半步，迅速補左手，與右手合力採拿乙右腕，向斜下方順勢採捋（圖123）。

【要領】：甲須在乙推掌即將到達之際再向後撤步，力求「讓空」對方勁力，使自己的中軸線閃開對方推力的作用線。撤步補手應靈活敏捷。

圖124

第三節　折疊化發

兩人交手，你來我往，手法在往復中折疊，在進退中轉換。當這種折疊轉換巧妙到表面上難以看出引化過程，而短促到類似於硬碰硬的「頂牛」時，就是折疊化發。

折疊化發又稱為「迎頭發」「打回頭」，即迎著對方進攻勁力的方向，瞬間完成「抓、托、捋、帶」四個引化環節，撥其根，卸其勁，再迅速沿原方向將對方打出去。折疊化發多採用卸勁發和借勁發兩種。

一、卸勁迎頭發

例12　乙雙手平推甲胸，甲卸勁迎頭發

（1）乙進右步，以雙手推發甲胸。甲撤左步，雙手抓托乙雙肘外側順勢向側後捋帶（圖124）。

（2）甲右腳進半步，雙手直接推發乙上臂根部或前胸（圖125）。

【要領】：甲托帶乙雙肘時要縮身後坐，以卸其鋒。當乙勁力稍卸後立即順乙手臂方向跟蹤推發出去。發勁時手出腳到，意念直達遠方。

圖125

例13 乙單手平推甲胸，甲卸勁迎頭發

（1）乙進右步，用右手推擊甲胸腹部。甲撤左步，屈膝下蹲，左手下按並反推乙右臂，右手補手向乙胸推擊（圖126）。

（2）甲右腳上半步，用右

圖126

圖 127

手推乙胸，左手直推乙右臂（圖 127）。

　　【要領】：甲撤步下蹲，含胸收腹，同時下按乙右手腕
要協調一致，使之在瞬間即卸掉乙推按之勁，然後甲左手推
乙右臂，右手推乙胸。甲左手是在一将一推的折疊中瞬間完
成推發的。此處右手實質上是一種補手，以協助左手推發。

　　卸勁迎頭發就是將對方前衝之勁稍卸，立即回頭打出。

二、借勁迎頭發

　　例14　乙雙推按甲肩，甲上步借勁迎頭發

　　（1）乙進右步，雙手推按甲肩胸部位。甲後撤左腳，
雙手由外下側控制乙雙肩（圖 128）。

　　（2）甲右腳上半步，雙手上托乙兩臂，將乙擲出
（圖 129）。

　　【要領】：因乙雙手推按甲肩胸，甲即可直接以兩手上
托乙雙肘或上臂，使上托之力直接影響乙肩部，讓乙不自覺

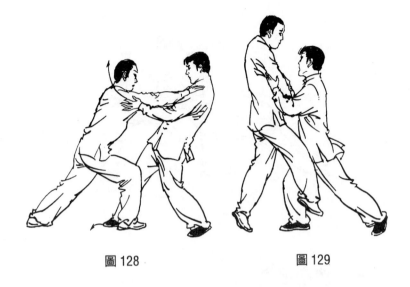

圖 128　　　　　　　　圖 129

地向上提身。甲迅速借上提之力將乙擲出。甲還需略下蹲身，雙臂要有裡裹上旋之勁。

借勁迎頭發往往是讓開前勁借後勁。

第四節　放截化發

放，是放空；截，是橫截。

放空化發是透由與對方接觸部位的感應，在瞬間化掉對方施加於己身的推按之力，使其勁力落空，腳跟鬆動，然後順其勁路推發而出。放空可以認為是閃空，但屬於先接觸而後再放空，是一種丟頭追尾的發法。

橫截化發是讓開對方勁力的正面，從側面向斜方向攔腰截擊，屬於「丟頭截腰」的發法。實戰中，往往放空與橫截並用，效果更佳。

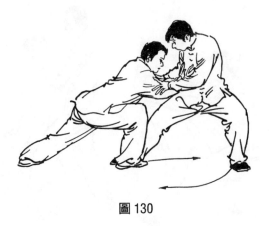

圖 130

一、放空化發

例15 乙進步推按甲胸腹，甲放空化發

（1）乙進右步，用雙掌推按甲胸、腹部位。甲迅速後撤左腳，雙腿屈膝下蹲向後坐身，雙手搭於乙雙肩或上臂處（圖 130）。

（2）甲含胸轉腰，右側轉身，左腳向左側斜跨一步，右腳向右後側讓步，同時雙手搭按於乙兩肩、臂之處，順勢沿著乙的推按方向向右後側捋帶，使乙雙手推按之力被放空後順力打出（圖 131）。

【要領】：該動作要求甲腿功紮實，左斜跨步與後撤右步是在蹲身墊步的動作中幾乎一瞬間同時完成。甲下蹲身轉體時採用含胸轉腰的「胸化」手法，要求胸部肌肉在聽勁過程中迅速完成吸胸、柔化和反彈等技法。

該例說明放空化打的明顯特點是「丟頭追尾」的打法。

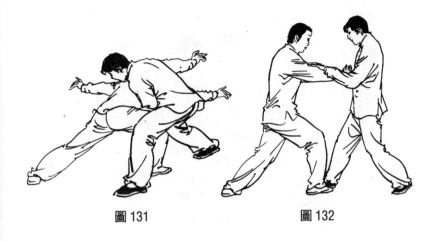

圖 131　　　　　　　　　　　圖 132

二、橫截化發

例16　乙雙手推按甲胸，甲橫截化發

（1）乙進右步，用雙手推按甲胸。甲後撤左步，雙手封按乙雙肘（圖132）。

（2）甲縮身後閃，雙手抓按乙兩肘外上側部位，向右下方攔截乙推按之勁，使乙斜方跌出（圖133）。

【要領】：甲在接觸到乙推按勁的瞬間，迅速用雙手向斜方向橫截乙手臂，也可向上托。該例的明顯特點是

圖 133

圖 134

「丟頭截腰」，即避開對方強硬的攻勢，從側面攔腰打」。
這裡所指的「腰」，是手臂的中節——肘部。

例17　乙雙手推按甲肩，甲放空橫截發

（1）乙進左步，雙手推按甲兩肩（圖 134）。

（2）甲後撤左步，同時下滑左肩，裡扣右肩，左側轉
身，以肩化方法化空乙雙手推按之勁，右手由下向乙左肩斜
向推擊，使乙跌出（圖 135）。

【要領】：甲採用「倒卷肱」手法之一。甲在撤步的同
時，必須將沉肩、扣肩、打截手完成得協調統一。身法縱橫
全要因勢而變。透由化肩將放空勁與攔截勁巧妙地結合起
來，使對方在勁力落空的情況下被斜向發出。

例18　乙順步推按甲，甲撤步橫截肘

乙進左步，以左手推按甲胸。甲後撤左步左轉身，同時

圖 135

圖 136

右手向左斜方向橫推乙右肘，使乙跌出（圖 136）。

【要領】：這也是典型的「丟頭截腰」的手法。與上例不同之處只是乙用單手推按，甲用橫托肘斜截。甲撤步轉身與右截手要協調一致完成。

圖 137

例19 乙順步推按甲，甲撤步将肩

乙進左步，用左手推按甲胸。甲左轉身向後撤左步，放空乙推按之勁的同時，以雙手向左下方攔截並将帶乙左肩（圖137）。

【要領】：截手、截肘、截肩均屬於打橫勁，使對方進攻之力被放空，同時又受到橫截之力。橫截勁的運用關鍵在側身調步，含胸縮身。無論單手截或雙手将均須身法靈變，隨勢轉換，進退反側不可有抽扯之狀。同時要注意，截手時須防對方順勢頂肘，截肘時應防止敵手跟步肩靠。

第五節　螺旋化發

螺旋化發有兩種形式。一是將對方進攻方向打偏的同時，與自己施加給對方的化解之力形成一個動態的力偶矩，

圖138

使其在旋轉中失去平衡而跌出。這種情況有時又叫「偏勁化發」。另一種是由自身的旋腰纏臂，引化對方的進攻力，而將對方斜向拋出。

前一種是將對方旋向打起來拋出，自身旋轉不大，後一種形式則是自身旋轉較大的情況下化空對方勁力，使其跌出。這兩種形式經常結合使用。

例20 乙推甲胸腹，甲旋化

乙進右步，右手推按甲胸腹。甲左手向右側橫截乙右肘，化解其推按之勁，同時右手直取乙左肩、臂或左上胸部，向左橫按乙，使乙旋轉跌出（圖138）。

【要領】：甲左手向右截按，右手向左推按，雙臂形成一個逆時針的力偶矩，該動作是在瞬間完成，使乙被迫逆時針旋身的同時失去平衡而跌出。甲此處採用「提手上勢」用法之一，兩臂形成一個合成偏打的力偶矩作用。

圖 139

例 21 甲偏勁螺旋發

　　甲左手向右下方将乙右肩或上臂，右手推發乙左肩或上臂，使乙身體逆旋而跌出（圖 139）。

　　【要領】：甲左手向右下方截将，右手向左推發，雙手成一個逆時針的力偶矩，該動作是在瞬間合力完成的。甲始終運用偏打的力偶矩作用，使乙被迫身體旋轉而跌出。

　　合力打偏手，常出現在陳式太極拳盤架子的過渡動作中。常因雙方處於相對穩定狀態，直接採用前沖推發不易奏效而順勢借用的辦法，即用力偶的側旋勁來破壞對方的平衡。這就是「避開正面打斜面，原來斜面恰是正」。

例 22 乙上托控制甲肘腕，甲螺旋化發

　　（1）設甲乙二人均右腳在前。乙右手上托控制甲左腕，左手上托控制甲右肘，欲斜向托出（圖 140）。

圖140

（2）甲左手順纏絲
向右下方採捋，右肘同時
外旋，前臂向左斜向捌
肘，經由乙右臂上方向乙
右肩部抖發，使乙跌出
（圖141）。

圖141

【要領】：甲在「化
肘」「化腕」的同時，必
須右旋身，順纏臂，雙腿
配合屈膝下蹲與挺身，形
成一個自身螺旋轉動，手臂如同皮鞭般彈抖出去的螺旋鑽翻
之勁將乙發出。這就是在雙方交手中遇到糾纏不清時，須
「避人攻守用採捌，力在驚彈走螺旋」。

螺旋化發，力貴速至。這裡乙用「雙推手」手法之一，
甲採用「前後招」手法演變的結果。

第六節　牽引與提抽化發

借用對方的沖力，順其力而引之，這就是牽引化發與提抽化發的基本法則。在這個基本法則的指導下，運用提手掛掌、黏臂撤步等技巧來實現這種手法。這是一種上旋之力，引化之力，完全是借力而發。對方出力愈猛，借力效果愈佳，跌之愈狠，有時會將對方凌空擲出。而當對方發勁不猛時，此招效果甚微。

一、牽引化發

例23　乙進步單手推甲，甲撤步牽引發

（1）乙進右步，以右手順步推擊甲胸。甲左轉身，後撤左步，同時左手抓捋乙右手腕，右手抓托乙右上臂（圖142）。

（2）甲向後撤身，雙手合力順著乙推力方向捋帶乙右臂，使乙順著推力方向跌出（圖143）。

【要領】：本例是標準的牽引化發，屬於左側轉身撤步托捋手法，為陳式太極拳「起勢」用法之一。要點是抓捋手腕要準確到位，用力要猛而脆。

圖142

圖 143

圖 144

例24 乙進步單手推甲，甲撤步牽引化發

（1）乙進右步，右手推擊甲胸。甲右腳後撤一步，同時右手採拿乙右手腕，左手抓按乙右上臂或肩部（圖144）。

圖 145   圖 146

（2）甲上動不停，繼續右後側下勢，雙手合力向斜方向将帶乙，使乙順著自己推力方向跌出（圖 145）。

【要領】：與例 23 一樣，本例也是標準的牽引化發。例 23 為左側引化，本例為右側引化，均屬陳式太極拳「起勢」用法之一。甲一手抓将對方手腕，另一隻手嚴格講屬於補手，以增強牽引力。補手可補在肘部、肩部，也可補在對方後腰側（圖 146），這要由當時變化情況來定。甲在採将牽引時，必須配合後撤步下勢，以便讓開對方跌出的空間。

例25 乙拗步單手推甲，甲纏臂撤步牽引化發

（1）乙進右步，用左手推按甲胸、腹部。甲左腳後撤一步，同時右手截攔乙左手，左手纏臂掛掌撸将乙左上臂（圖 147）。

（2）乙被牽引向前沖出時，甲右手迅速移至乙左肩後側，順著左手牽引的方向推按，使乙跌出（圖 148）。

圖 147

圖 148

　　【要領】：甲在纏臂掛掌的同時要含胸收腹，緊接著縮身撒步，使乙推力落空，再倒手推發，這幾個動作要連續協調，一氣呵成。此動為「斜行拗步」，用法之一。撸抒撤步應走弧線，以纏絲勁牽引對方。「至疾至迅。纏繞迴旋」，如疾風吹人。撤步掛掌與推發要形成忽收忽放、一合一開、忽藏忽現、忽弛忽張的特點。

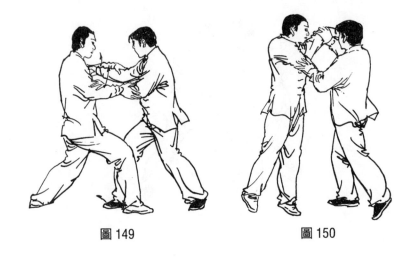

圖 149　　　　　　　　圖 150

二、提抽化發

例26 乙牽引甲，甲借力提抽發

（1）設甲乙二人均右腳在前，合步站立，兩臂相搭。乙左手抓揲甲右肘上側，右手抓揲甲左肘上側，欲向左後方牽引甲（圖149）。

（2）甲順著乙牽引力的方向，向右側斜進步，順勢向右上方提抽，使乙身體被凌空拋起而跌出（圖150）。

【要領】：甲採用提抽發勁時，必須準確抓住乙的發力時機，巧妙地將自己的提抽力與對方的發力形成一個同方向的勁力疊加，乾脆果斷地發放出去。甲雙手不必緊抓乙的雙臂，而要採用沾黏隨動的功夫向斜上方提托。甲在提抽發勁時，須吸氣長身，如「閃通臂」動作。

例27 乙雙手推按甲肩，甲撤步牽引提抽發

（1）乙進右步，用雙手向前推按甲肩，甲迅疾用雙手由下向上托挌乙兩上臂（圖151）。

（2）接上動不停。甲迅疾後撤左腿並屈膝下勢，雙手隨著左腿後撤和身體的下沉，順勢向後牽引乙雙臂，使乙推按之勁落空而被向後提托跌出（圖152）。

【要領】：甲雙肩被推按瞬間，迅疾含胸沉肩，撤步下勢（撤左右腳均可），雙手順著乙前傾之勢，提托帶引，其動作要一氣貫穿始終。此為「鋪地錦」用法之一。必要時，前腿與臀部須下沉觸地，形成低勢，使乙推按勁徹底打空而向前撲出。

圖 151

圖 152

第七節　大捋與挒肘化發

以雙手纏繞對方手臂的捋屬於大捋。大捋的動作幅度較大，需要將對方勁力引進來，再由自身撤步轉體，旋向抖發而出。

挒肘發是以自己前臂外側斜逼對方進攻之手臂，再以另一隻手協助採拿對方腕部，同時撤步轉身向側後方彈出。

這兩種手法均內含有牽引化發與螺旋化發的技巧，不同之處是這兩種手法所施勁力較長，要在運動中不斷將自身作用力施加於對方接觸點處，並根據對方在運動中力的改變來不斷調整自身力的大小與方向，以求最後將對方整體拋出。這兩種手法間的本質分別是，大捋為「引進化」的手法，挒肘為「橫截化」的手法。

一、大捋

例28　乙進步推甲，甲撤步大捋乙

（1）乙進右步，用右手推按甲胸。甲含胸收腹向右側轉身，同時左手向右下截攔乙右手腕，右手順纏絲前伸至乙右上臂下側，摟捋乙上臂（圖153）。

（2）上動不停。甲左腳向左前側斜跨一步，同時身體繼續向右後側轉動，左手同時上移抓持乙右肘部（圖154）。

（3）上動不停。甲右腿以左腳為軸畫弧後撤，身體隨之繼續向後轉，同時右手下滑抓持乙右手腕向右下方捋帶

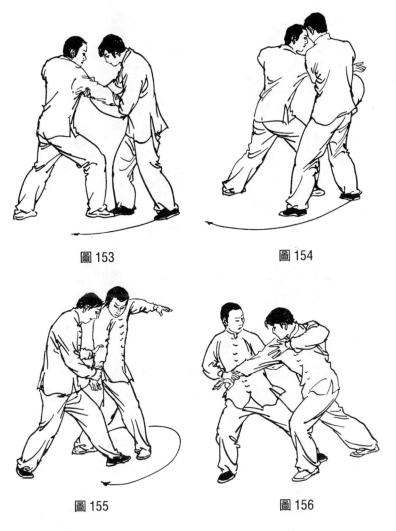

圖 153

圖 154

圖 155

圖 156

（圖 155）。

　（4）上動不停。甲繼續以採挒之勁牽引乙向右後方繞
轉，使乙在被牽動中失去重心。甲順勢將左手移於乙右背後
側，以彈抖之力將乙發出（圖 156、圖 157）。

圖157

【要領】：以上動作包括單鞭叼手、纏臂引進、撤步大
将、拗步推掌等數個環節，這幾個動作必須連貫迅速，交錯
轉換，一氣完成。需要在逐漸加速、逐漸加勁的作用下，擎
起彼勁借彼力，使乙在螺旋轉體的過程中失去重心而被發
出。無論對於甲或乙，大将的動作幅度都很大。

甲常常為了增加将力而連續後撤幾步不等。甲的雙手並
非死抓住乙手臂不放，而是以纏絲叼拿的方法，合力形成對
其手臂鎖扣的作用，即順著乙的勁路走向輕輕「鎖住」或
「提拿住」其手臂，達到牽引對方全身移動的目的。這在武
術中俗稱「順手牽羊」。

甲在将帶時要做到：「鬆柔纏繞要靈巧，引進落空要收
歛，縮身蓄勁要鬆靜，撤步發人要篤整」的「四要」。同時
克服「腳手不隨，身法不靈，勁力不整，神氣不聚」的「四
不」之病。

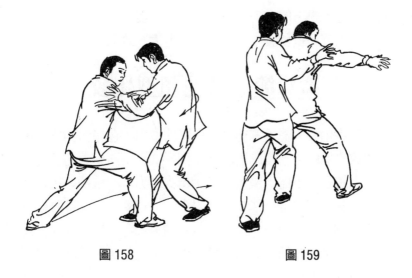

圖 158　　　　　　　　圖 159

二、捌肘化發

例29　乙進步推掌，甲捌肘化發

（1）乙進右步，用雙手推甲胸。甲迅疾含胸收腹，縮身後閃，同時雙手向乙右臂上側搭去。右前臂外側搭在乙右手腕或前臂處，左手搭在乙右上臂處（圖 158）。

（2）上動不停。甲迅疾向後撤右腳，右側轉身，右手牽引乙右腕或前臂，左臂順纏絲由下向上往右外側翻腕捌肘，將乙向斜方向拋出（圖 159）。

【要領】：甲以左前臂向右後側橫　，把乙推力打偏後，將其沿拋物線方向擲出。這就須在瞬間完成引進落空、撤步轉身、縮身蓄勁、挺身抖發四個步驟。左前臂捌勁要在轉體的過程中由內變成向外，由小漸大，直至彈抖發

放。這是借對方的推力、沖力、切向而發。

在大捋和捌肘發中，對方沖力愈大，效果愈佳。

第八節　其他類型化發

推手化發，總是遵循沾黏連隨的原則，在接引轉換，提拿收放的階段中，會出現許多不同形式、不同勁力的組合應用，但總是離不開「順人之勢，借人之力」的法則。巧妙地運用「掤、捋、擠、按、採、捌、肘、靠」八門勁力以及「撐、抱、裹、擰、炸、崩、驚、抖、鑽、彈」等派生勁力，會衍生出多種形式的化發，例如上旋化發、下沉化發、凌空抖發等。

例30　乙進步雙手推甲，甲按化下沉發

（1）乙進左步用雙手推按甲胸。甲含胸收腹，縮身後坐，以雙手向下捋按乙雙臂（圖160）。

（2）接上動。乙被引空後，迅疾向後撤身。此時，甲疾進左步，順勢向前下方推按乙雙臂，使乙跌出（圖161）。

【要領】：甲以「雙推手」用法之一，先引空對方勁力，再以雙手向下攔截乙雙臂，

圖160

太極拳實用技擊法

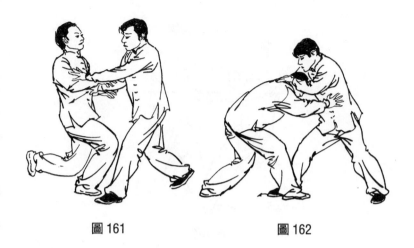

圖 161　　　　　　　　　圖 162

當乙勁力落空欲向回抽手時又跟蹤按發。甲推按乙時須進步以身相逼，同時雙手移至乙上臂或前胸部。

例31　乙進步推甲胸，甲控肩折疊下沉發

（1）乙進右步，雙手推甲胸。甲迅疾撤步含胸收腹，雙手搭於乙兩肩，順勢向懷中将按（圖162）。

（2）上動不停。乙推力被引空，失去平衡欲跌時，甲順勢上步向前下方推按乙肩頭，使乙跌倒（圖163）。

【要領】：乙以「虎撲」手法推甲。甲須迅疾撤步含胸，

圖 163

圖164

順勢牽引化空乙推力。在乙手腳失控欲跌時，甲以「抱頭推山」之勢，折疊而下沉推發。甲實際走了一個迂迴折疊的勁路。

例32　甲進步單推手凌空發

（1）設甲乙二人均右腳在前，合步站立。乙右手推甲，甲以左手下壓乙右手腕，同時用右手推乙前胸（圖164）。

（2）接上動。乙在疾速後閃身讓開甲右手的同時，甲右腳迅疾跟進半步，以右掌擊發乙身體，將乙凌空彈抖發出（圖165）。

【要領】：這是一種前沖發，須借助對方下意識後撤或後跳的能量，將對方發出。這種手法俗稱為「凌空擊人」。關鍵是搶準對方後跳的一剎那，借勢而發。

圖 165

圖 166

例33 乙捋甲，甲纏臂上旋發

（1）甲進右步用右手推乙。乙後撤右步以右手攔截甲右手腕，左手斜推甲右肩（圖166）。

圖167

（2）甲順勢進右腳半步，右臂迅速逆纏絲沉肩擴肘，右手上托乙右臂，左手補於乙右腋下，合力向上鑽翻彈抖，將乙斜向發出（圖167）。

【要領】：甲以「玉女穿梭」手法，右臂逆纏絲，身體須以腰為軸，向右旋轉上挺，形成一個鑽翻上旋的托力，將乙托起發出。

【第四章】

基本打法要領

打法，就是散手實戰的技巧方法，就是撒開手把，放開手腳，拳打腳踢，射擊肩靠，頭撞膝頂的跌放技法。撒開手把即為「斷手」，不斷手為推，斷手為打。在打法中常使用實點斷打、虛點斷打、半推半打、先推後斷、斷而後發、截點斷開、滑點斷打、讓點斷打、閃而後打等。

太極拳在打法中有許多與其他拳法雷同的內容。然而，太極拳既為一大類拳種，有其獨特的理論基礎和技法要領。無論推手還是打手，其主要的特點就是「順人之勢，借人之力」「引進落空，柔化剛發」和纏絲勁的應用。

「太極本無法，動即是法」。太極拳打手的技法是在動中體現的，要在動中應招破勢，而並無固定姿勢。

但從整體上講，身、手、足的運動須用意領，使之靈通一氣，既要「意領」，又要「身化」。兩手往來伸縮，須翻轉自如，靈活敏捷。勁力雖在手，其根在腰，腰之旋轉，帶動全身。

兩手切忌空出空回，「手不向空起，亦不向空落」。或拳或掌或指的出現，全因勢而變，不必拘泥一格，但上舉高不超過眉，下按只稍低於臍，左右不出肩則為常規。手掌忌死握緊抓，不吃力於雙手，兩臂才可活泛，氣力才可暢達，手足才易相應。

「手是兩扇門，要憑腿贏人」，手法靈活與否全在於步法。在步法上，步太大不靈，步太小不力。常以前步進，後步跟，前後步互換，虛實步互為。前腳尚虛，後腳尚實；虛為敏捷，實則安泰。行走輕靈如貓似蛇。

敵我二力相接，力梢在接觸點而根源在身。變化之力須由內換，妙在一轉。手、肘、臂、肩、腰、胯、膝，一轉而

化，一伸而發。「彼不動，己不動」，對方發力，我即內引，引而後發，借力而打；乘勢而進，乘虛而入，形不破體，力不露尖。運力之妙，隨機而變，欲去而不回，欲行卻又止。陰陽虛實，開合剛柔。

拳由心發，以身催手，總是梢節起，中節隨，根節催。「上中下一氣把定，身手足規矩約束」。心氣一發，四肢皆應，一屈皆屈，一伸皆伸。腳起有距離，動轉看方位，七尺以內，三尺之外全在顧盼之中。

無論前後左右，上下遠近，一招一勢，一步一捶，能推則推，該打便打。遠要發手，近要打肘；遠須腳踢，近要加膝。要以得人為準，以不露形為妙。「打前一丈不為遠，近打只在一雨間」。手起腳要跟，腳進手要發。要擊其不意，襲其不備，虛虛實實，實實虛虛。起手須分橫、炸、抖、順、彈；落手應知劈、崩、撐、抱、截。

打要有提抽打、前沖打、回頭打、肩肘打、胯膝打、高低縱橫打、螺旋進退打、丟頭截腰打、順勢借勁打，以及上驚下打，左閃右打，各種變化打法，總要一氣相貫。出手要威風勇猛，膽大潑辣。搶佔形勝之地，不得遲疑。「骨節要對，不對則無力；手把要靈，不靈則生變。發手要快，不快則遲誤；打手要狠，不狠則不濟。腳手要活，不活則擔險；存心要精，不精則愚」。眼要習鑽，審時度勢，拳打腳踢，伏身起發，手到腳到身也到，破敵如拔草。

圖 168

第一節　引化打法

順勢引化，借力打人。始終是太極拳散手實戰的主導理論，在打法中處處有所體現。

一、撤步引化借勁打法

太極拳打手中的摔、擲、跌、放，有別於摔跤。它是在打中有摔、摔中有打的過程中完成，而並非純粹的摔跤。應用中常使用捋、掤等牽引勁力。

例34　乙雙手推擊甲，甲借力擲跌

乙進右步，以雙手推擊甲雙肩。甲後撤右步，雙手抓捋乙雙臂，左手抓於乙右肘臂外側，右手抓於乙左上臂內側，順著乙推擊的方向，將乙向右後方拋擊（圖168）。

圖 169

【要領】：此為陳式太極拳「起勢」用法之一，又名
「金蟬脫殼」。甲撤步縮身，雙臂沉肩後将，在引空乙推擊
之力的同時，借力而發，須在一瞬間完成。此招屬於撤步順
勢打。

例35 乙穿掌擊甲，甲順勢将發

乙進左步，用左掌上穿擊甲面部。甲向左側轉身，後撤
左步，左手抓将乙左手腕，右手托於乙左肘外下側，順勢猛
力向後将帶，將乙擲出（圖 169）。

【要領】：甲要順勢抓将乙手腕，借助乙的勁力向後将
帶，要與轉身撤步協調一致。此招為「六封四閉」用法之
一。

此例與例 34 所用手法類同，只是有單雙臂與左右側轉
身之分。

圖 170

例36 乙起腿蹬甲，甲閃身順勢發

（1）乙提起右腿，以腳向甲胸、腹部蹬踹。甲迅疾向左側斜跨一步，閃身讓開乙右腳，同時用雙臂從上往下攔截乙右腿（圖170）。

（2）上動不停。甲雙手托捋乙右腿，順其蹬踹方向側身斜擲，使乙跌出（圖171）。

【要領】：此動作為「斜行拗步」用法之一。甲左斜跨步閃身與雙臂向後托捋要協調一致，周身要敏捷，起伏跌宕，雙臂要順勢後甩。手法上既要順勢，又內含橫挒之勁。

圖 171

圖 172

圖 173

例37　乙順步沖拳，甲下勢挑摔

（1）乙進左步，用左拳擊甲頭部。甲右側轉身，後撤右步，向後閃身讓開乙右沖拳，同時用右手抓拿乙左手腕（圖172）。

（2）繼續上一動作不停。甲順勢屈右膝下勢，左手直臂向前穿插於乙襠下，再起身上挑，將乙挑扛在肩上摔出（圖173）。

圖174

【要領】：甲右手要順勢叼拿乙左手腕，與下勢左臂挑襠形成對開之勁。此動作為「雀地龍」用法之一，屬於「牽頭追尾」的打法。

二、進步前沖打法

前沖打一般須在側旋引化對方勁力的情況下使用，否則收效不大。「側引用旋，前沖須進」，這是進步前沖打的原則。應用中常使用上下旋勁、推按勁、劈勁、崩勁。

例38 乙順步打掌，甲側旋化進步前沖打

（1）乙進左步，用左掌推擊甲胸，甲迅疾含胸側身左轉，雙手封空乙左肘及上臂外側，側旋引化乙左臂（圖174）。

（2）繼續上一動作不停。甲疾進右步，右腳落於乙左腿後側，雙掌隨進步移至乙左肩與左後背側，向前推擊乙，

使乙跌出（圖175）。

【要領】：此動作為「雙推手」用法之一。甲向左面側旋引化時，即引即打。側旋勁要使對方失去平衡，再疾進右推擊。進步須進身，跟步進招貼身打，「打人如親嘴」，這是太極拳散手實戰的又一大特點。

圖175

例39 乙提腿蹬踹甲，甲側旋掛腿進步雙沖拳

（1）乙提左腿，用左腳向甲腹部蹬踹。甲迅疾後撤左腿縮身閃開，同時兩手握拳由前上方向左下側掄臂側掛撥乙腿（圖176）。

圖176

圖 177

（2）接上一動作，甲右腳進半步，雙拳向乙腹部雙沖拳，將乙擊出（圖 177）。

【要領】：甲須順著乙蹬踹之勢向外下側掛劈，使乙左腿被掛撥而產生一個側旋之力，破壞了乙自身平衡。此時，甲進步用「雙沖拳」將乙擊出。雙沖拳要進步進身，形成整體勁力，動作要迅猛異常。

例40 乙順步打甲，甲截肘進步崩拳

（1）乙進右步，以右拳擊甲胸。甲含胸右側轉身，左手向右斜截乙右肘（圖 178）。

（2）接上一動作不停。甲左腳進半步，右腳隨動蹬地跟步，同時右手握拳，以崩拳直擊乙右肘（圖 179）。

【要領】：甲此一動作為「肘底捶」用法之一。肘底捶須用崩拳形式打出，效果甚佳。甲左手向右上斜托乙右肘，是在放空對方勁力後乘虛而擊，與前面借力順勢打有本質上

圖178

圖179

的區別。

三、高低縱橫打法

上挑下截，上驚下打，左迎右接，順來橫截，總是須有敏捷的身法與靈巧的步法，才能高低有應對，縱橫有顧盼。應用中常使用截、劈、彈抖、捌按等勁力。

（1）乙進右步，用雙手推擊甲胸。甲迅疾含胸縮身，用雙手從乙雙臂中間下插並向左右兩側分撥（圖180）。

（2）接上一動作不停。甲疾進右步，左腿隨動蹬地跟進半步，雙手向前下方撲按乙兩胯前側。使乙跌倒（圖181）。

圖180

【要領】：甲採用「搶頭推山」用法之一。撲按時須進步進身，勁整力足。雙臂外撥時要有外撐勁、橫截勁。撲按要打在對方胯關節處，動作要一氣相貫，起伏跌宕。

圖181

例42　乙進步打掌，甲閃空劈按

（1）乙進右步，以右掌向甲右肋處推擊（圖182）。

圖 182

圖 183

（2）甲迅疾含胸收腹並略向右側轉身，雙腿迅速屈膝下蹲，閃空乙打來之右掌，同時右臂由上向下向乙右肩或後背處捌抖劈按，使乙前傾跌撲（圖 183）。

【要領】：此動作為太極拳「中盤」用法之一。甲屈膝下蹲、含胸收腹側轉身須身法敏捷，起伏跌宕，上驚下打一氣相貫。在閃空乙右推掌的同時，右臂順勢下劈按，直擊乙

圖184   圖185

後背。其特點為「丟頭打尾」，又源於通臂拳的掄臂劈掌。

例43 乙拗步抓甲，甲橫截抖捌

（1）乙進左步，用右手抓甲。甲後撤左步，同時以左手截攔乙右臂（圖184）。

（2）接上一動作不停。甲雙腿屈膝下蹲，迅速用右掌外沿向前腿（左腿）內側肌肉處彈抖橫捌，使乙跌撲（圖185）。

【要領】：甲採用「青龍出水」右掌彈抖橫捌的勁力，迅速快捷。屈膝蹲身與捌掌要協調一致。勁達右掌外沿。

例44 乙進步打掌，甲截按上撩

（1）乙進左步，以左掌推出甲胸、腹部。甲後撤右步右側轉身，含胸收腹，閃開乙推掌，同時用右手向外下側截按乙左臂，左手封控乙左肩向外斜按（圖186）。

圖 186

圖 187

　　（2）接上一動作不停。甲左掌反背上撩，猛擊乙左下頦或後腦，使乙跌出（圖187）。

　　【要領】：甲用「六封四閉」手法引化推勁，是屬於「丟頭截腰」的打法。上撩掌屬於「白鵝亮翅」用法之一。左掌上撩要與右掌截按形成對開之勁。撩掌要乾脆，截按要沉穩，勁力直達掌部。

圖 188

例45 乙進步雙推掌，甲調步上撩掌

（1）乙進右步，以雙掌向甲推發。甲迅疾右側轉身，雙腿屈膝下蹲，同時含胸縮肩，以右手向左後方攔截乙左臂，左腳向乙右腿外側斜跨一步，左手收於胸前合勁待發（圖188）。

（2）接上一動作不停。甲左掌直臂外展，向乙身體上部撩挑，將乙打出（圖189）。

【要領】：甲採用「劈架子」用法之

圖 189

圖190

一。截攔引空的過程，就是含胸蓄勁待發的過程。這裡充分
體現手不空出亦不空回、腿要進人的特點。進步於對方外
側，又可形成絆腿作用，使乙被擊而難以脫身。上撩掌要以
腰為軸直臂上甩，勁力直達掌背及虎口。這裡甲以右手向後
攔截乙左臂，也就控制了乙右臂，使乙右手不能發揮作用。

四、調步橫截打法

調步有進退步、斜跨步。截有按截、彈抖截、推發截。
在技法上採取「丟頭截腰」、橫向發放對方的打法。

例46 乙右步打掌，甲調步橫擊

乙進右步，用右掌向甲推擊。甲左腳向左側斜跨一步，
左手迅速向右橫向推截乙右掌，同時右掌由左下側直臂掄
起，向乙頭或上身後背橫擊，使乙跌出（圖190）。

【要領】：跨步閃身與橫截掄臂擊掌要一氣相貫，協調

圖 191

一致。右掌彈抖擊拍要以腰帶臂，力達掌背，其速度如迅雷不及掩耳。

例 47　乙起腿蹬甲，甲撤步橫截

乙起右腿，用右腳蹬踢甲腹部。甲後撤左腿左側轉身，左手向外下側截按乙右腳，使乙蹬空而站立不穩，右手向乙胸腹部推按，使乙跌出（圖 191）。

【要領】：甲採用「例卷肱」手法之一。撤步橫撥要與右手推按形成螺旋力偶矩。左手應向左前下方推按，右手向右外後側斜推，效果方好。

例 48　乙進步右拳，甲截撥沖拳

（1）乙進右步，以右拳直擊甲胸、腹部。甲向左側斜跨左步，同時含胸收腹，屈膝下蹲，並以雙臂向左下交叉截

圖 192

圖 193

撥引化乙右臂（圖 192）。

（2）接上一動作不停。甲右拳直臂前沖，直擊乙胸、腹部（圖 193）。

【要領】：此手法為「掩手肱錘」用法之一。兩臂由胸前交叉向後截撥，增加了保護面積。右拳以彈抖勁打擊對方時須右腿蹬，體現出勁起於腳跟而發於手。左手不必去抓對

圖 194

方手臂，撥開即可。

五、折疊螺旋打法

折疊打即順其由押勁力跟蹤打，打回頭，常以螺旋勁力來實現。

例49 乙進步推擊甲，甲折疊打

（1）乙進右步，以右掌推擊甲胸。甲撤右步右側轉身，用右手抓拧乙右手腕，左手橫截乙右肘或右肩處，欲將乙打出（圖194）。

（2）接上一動作不停。乙感到右手落空，迅疾抽手向後撤身。甲雙手順勢改為雙推，將乙推發而出（圖195）。

【要領】：此動作為「六封四閉」用法之一。甲要做到「隨人所動，隨屈就伸」，來則順勢採拧，去則跟蹤而發。要順對方推出之勁採拧，抽撤之際推發。將這兩種不同方向

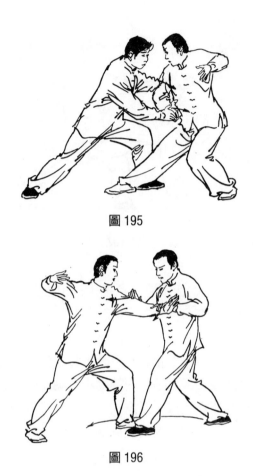

圖 195

圖 196

的打法折疊起來形成「回頭打」的特點。

例50 乙進步推擊甲，甲折疊化打

（1）乙進左步，以左手推擊甲胸。甲左腳在前，略向
左側轉身，用左手採捋乙右腕，用右手橫捌乙上臂，將乙推
擊之勁引空，同時欲推發乙（圖196）。

圖197

（2）接上一動作不停。乙推手被引空後欲向後抽手撤身時，甲順勢疾進右步，右腳插於乙左腿外側，同時右手向乙上身推擊而出，使乙跌出（圖197）。

【要領】：甲在引化乙推手時可將乙捋出，當乙抽手回撤時又可跟蹤擊發。這是「前趨拗步」動作中折疊手法的應用。左手採拿不必死抓，以震動對方全身、打偏對方進攻力的方向為準。進步與手要快捷協調，同步完成。

例51 乙提腿蹬甲背，甲轉身穿掌抖發

（1）乙提右腿，以右腳向甲後背蹬去。甲迅疾屈膝下蹲前傾身，讓開乙蹬來之右腳，並以右手直臂反撩，攔截乙右腿（圖198）。

（2）接上一動作不停。在乙右腿被撩起將失去平衡之際，甲迅疾右轉身上左步，左手從右臂下方穿出斜托乙右腿，同時右掌順纏絲向上鑽翻，彈抖襲擊乙咽喉或身體上

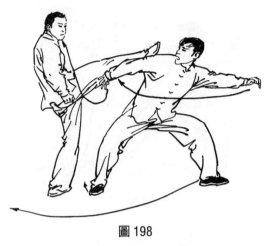

圖 198

圖 199

部，使乙跌出（圖199）。

　　【要領】：此動作為「倒騎麟」和「白蛇吐信」聯合手法之一。甲在向右後轉身時，要順著右臂反撩之勢打出螺旋上鑽之勁。上步穿掌要手到腳到，手腳合一。要在乙「右蹬腳」動作尚未落地之際，即刻旋腰纏臂，勁從腰發，以彈抖

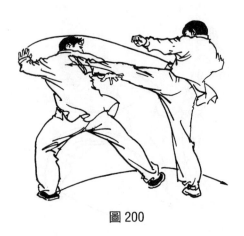

圖200

之勁向乙上身穿掌擊出。

例52 乙提腿蹬甲背，甲反撩臂轉身劈掌

（1）乙提左腿，用左腿向甲後背蹬踹。甲迅疾屈膝前傾身，閃開乙左蹬腳，同時右臂反撩乙左腿（圖200）。

（2）接上一動作不停。甲迅疾向右後轉身，左掌從上往下隨轉身直臂掄劈乙胸部，使乙跌出（圖201）。

【要領】：甲採用「劈架子」用法之一。此例與例51相對應。例51為撩腿穿掌上旋抖發，此例為撩腿劈掌下旋勁摔打。甲左掌下劈應在乙「左蹬腳」還未落地

圖201

之際完成。

第二節　貼身靠打法

　　肩、肘、胯以及身體其他部位的靠打，在太極拳散手實戰中經常出現。「遠用長拳，近用肘靠」，靠打需進身。如何進身，是靠打成功與否的關鍵。另外，靠打自存三分險，實戰中只可乘勢而靠，不可強為。

一、肘法的應用

　　兩肘居中，前後上下任翻騰。肘居中節，橫豎皆宜，貴在屈使。太極拳中的「窩心肘」「順鸞肘」等均有肘法，反映出頂肘、掛肘、盤肘等肘法的使用。實戰時還須注意到出圈用手、入圈用肘、貼身進步、以靠代手的常規法則。

例53　乙捋甲，甲順步肘靠

　　（1）乙右腿在前，左手採捋甲左手腕，右手抓捋甲左肩，左側轉身向左捋帶（圖202）。
　　（2）接上一動作不停。甲順勢進左腳落於乙右腿後側，左臂屈肘向

圖202

圖 203

乙胸、腹部頂擊（圖 203）。

【要領】：此動作為「順鸞肘」用法之一，屬於最基本的肘靠法，甲一定要順勢借力，得勢而用。還必須借助進步進身來增強肘靠的作用。

例54 乙進步推擊甲，甲掛肘頂肘擊乙

（1）乙進右步，用右沖拳擊甲胸。甲後撤左步，雙腿屈膝下蹲成弓馬步，同時左臂屈肘由上向左下側順時針畫弧，用左肘掛開乙右拳（圖 204）。

（2）接上一動作不停。甲迅疾左轉

圖 204

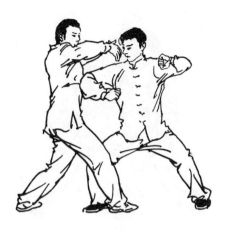

圖 205

身，以右肘尖向乙胸部頂擊（圖 205）。

【要領】：此動作為「青龍出水」和「窩心肘」中的掛肘與頂法的聯合使用，只可用於近距離貼身靠打。甲在掛肘時須含胸縮身，以腰為軸旋轉。頂肘時要以腰帶勁。

圖 206

例 55　乙提膝頂撞甲腹，甲撤步盤肘攔截

乙提右腿，用膝部向甲腹部頂撞。甲迅疾後撤左腿，同時用左手向外下側攔撥乙右膝，右臂盤肘橫截乙腹部（圖 206）。

圖 207

【要領】：甲撤步與盤肘截攔要同步進行。左右臂形成
對開之勁。此動作為「倒卷肱」用法之一。

例56　乙貼身欲抱摔甲，甲側身肘靠

（1）乙右手抓甲
右腕，左臂欲從甲背後
摟抱甲上身準備摔甲
（圖207）。

（2）甲左側轉
身，左手截撥乙右手，
同時進右步，右臂屈肘
向乙右肋側橫擊，使乙
跌出（圖208）。

【要領】：甲進右
步與肘靠要協調一致，

圖 208

太極拳實用技擊法

圖209

勁力速達。

二、肩靠的應用

肩靠是最明顯的貼身靠，比肘靠要求距離更近。肩靠被戲稱為象棋中的「出將」，既然是出將，肯定是不得已而為之。但肩靠運用得當，必奪奇功。肩靠必須做到順勢、跟步、縮身、出靠四個步驟。

首先是順勢，必須順對方捋帶之勁，以得勢利於肩靠。再跟步進身，不跟步則易傾倒，跟步才可使自己肩靠不出圈，不失重。然後縮身以蓄其力，最後出靠。另一種情況，就是對方無意中入圈，可乘其不備而靠之。

例 57　乙撤步摟抱摔甲，甲進步肩靠

（1）乙右腳在前，雙手抓摟甲雙肩，欲撤步往後摔甲（圖209）。

圖210

（2）甲順勢進右
步，以右肩靠擊乙胸（圖
210）。

【要領】：甲要順乙
往懷中摟抱之勢靠打乙
胸。兩手置於下方，全身
要協調一致，做到坐胯、
旋腰、順肩的要求。這就
是「肩打一陰返一陽，兩
手僅須暗中藏，左右全憑
順勢取，束展二字一命亡」。

圖211

例58　乙上步摟甲頭，甲上挑肩靠

乙上左步，用左臂摟抱甲頭欲摔甲。甲右手向上挑開乙
左臂，同時進左腳踩中門（俗稱「插襠」），以左肩向乙胸
部靠擊（圖211）。

圖 212

【要領】：甲大跨步進步進身，為主動貼進對方。此動作進步順肩為「單鞭」式用法之一。右手可採拿乙左手腕，與順肩形成對開之勁，增大靠擊力度。

三、胯靠的應用

胯靠與肩靠同屬貼身靠，都講究一個尺度問題。距離稍遠就不易靠擊，貼太緊又難於發揮靠擊的威力，故而常以寸計算。另外，肩靠與落步同發，胯靠稍滯後於落步，且又有「肩胯互為，又可相制」之理。

例59 甲側身胯靠

甲用右手上托乙左肘，側身以胯靠擊乙左胯，使乙跌出（圖 212）。

【要領】：甲上托乙肘，使乙下身無防備，乘勢而靠。胯靠要有橫向抖發之勁。

圖 213

例 60　乙摟抱摔甲，甲側身胯靠

乙從甲右側摟抱甲欲摔甲。甲雙手截攔乙手臂，同時迅疾側身，以右胯靠擊乙下身，將乙擊出（圖 213）。

【要領】：甲不可讓乙抱緊，必須留有少許間隙，胯靠效果才好。

第三節　常用腿法

腿部的攻擊力往往比手臂強許多，因此，在散手實戰中正確使用腿法，常有出奇制勝的效果。但因為起腿造成半邊虛空，腿法應用不當，又會導致失敗。

一、遠距離腿法的應用

遠距離腿法常有踢、蹬、踹、擺。

例 61　乙進步沖拳，甲閃身蹬腿

（1）乙進右步，用右拳直擊甲胸部。甲向左側斜跨步閃開，同時可用右手截抓乙右手腕（圖 214）。

（2）接上一動作不停。甲提右腿，以右腳向乙腹部或胸部直擺蹬踹，使乙向後跌出（圖 215）。

【要領】：此動作為「左右蹬腳」或「左右分腳」用法

圖214

圖215

之一，可蹬、可踹、亦可踢。但蹬踢時要做到腳起、膝隨、
胯催。腿部勁力要順達。

圖 216

例62 乙向甲撲擊，甲側身蹬踹

乙向甲撲來，欲襲擊甲。甲右側轉身，抬左腿向乙胸、腹部側蹬踹，將乙擊出（圖 216）。

【要領】：此動作為「蹬一根」用法之一。蹬踹距離不可太近，太近不易發揮腿部力量。側身出腿要上身略向側傾，以增大爆發力。

例63 乙向甲撲擊，甲閃身擺腿擊乙

乙向甲撲來，甲迅疾向後閃身並向左側轉體，起右腿向乙上身直腿後擺，將乙擊出（圖 217）。

【要領】：此動作為「擺蓮腿」用法之一。擺腿要迅猛有力，勁力斜向上擺動而出。必要時上身可斜傾，以增加擺幅。

圖 217

二、近距離腿法的應用

近距離腿法常用勾、撩、撞、踩、跺、逼等及其組合。

例64　乙雙掌推擊甲，甲閃身側跺

乙進左步，用雙掌向甲推擊。甲迅疾右側閃身，同時右腿微屈膝下蹲，左腿提起用左腳外側向乙左小腿側跺（圖218）。

【要領】：此動作為「單鞭」出腿動作用法之一。側轉閃身與側跺腳要協調一致。

圖 218

圖219 　　　　　　　　　　　　　　圖220

例65　乙進步抓捋甲，甲勾腿側踹

（1）乙進右步，以雙手抓捋甲肩。甲雙手迅速抓乙雙臂，同時提左腿屈膝向前上方勾踢，將乙右腿勾起（圖219）。

（2）接上一動作不停。甲左腳向乙左大腿內側踹去，使乙跌出（圖220）。

【要領】：甲此動作為「起勢」用法之一。甲在左腳上勾時，腳尖須翹起。當左腳踹出時，雙手應即刻鬆開，並協助腿向前推發。

例66　甲托肘勾撩腿，進步推擊乙

（1）乙進右步，用右掌推擊甲。甲左手向外上托，橫截乙右肘，同時提起左腿，屈膝向前勾撩乙右腿（圖221）。

（2）接上一動作不停。甲迅疾向乙身後落左腳，同時

圖 221

圖 222

左手向乙前胸打掌，使乙跌出（圖 222）。

【要領】：甲勾撩乙前腿時，須用力擺踢，直擊乙前腳後跟部位，效果才好。進步打掌要在乙起腿未落地之際，出掌太早太晚都不行。托肘與勾踢要同步進行。此動作為「斜行拗步」與「野馬分鬃」動作聯合使用法之一。

第四節　綜合手法的應用

臨場實戰，情況瞬息萬變，既要勇猛潑辣、大膽機靈，又要功力純厚，手法嫻熟。意要專一，神要領起，身要逼人，步要過人。手法運用必須隨機應變，不拘一招一式，終以得人為準。因此，不同手法的組合施展，將更適合實戰的要求。

一、拿打結合

拿打結合，即拿即打。拿是手段，打是目的，並非刻意去擒拿，往往只是防禦對方進攻時的順勢採拿，為下一步打出鋪路搭橋。

例 67　乙進步推擊甲，甲採拿捯肘發

（1）乙進右步，以右掌推擊甲前胸右側。甲迅疾左側轉身並向後撤左腳，縮身後閃，同時用左手採拿乙右手腕，引空乙推擊之力（圖223）。

（2）接上一動作不停。甲右臂由上往下以前臂橫捯乙右上臂外側（圖224）。

圖223

圖224

圖225

（3）接上一動作不停。乙被逼下蹲後撤之際，甲右臂逆纏絲外旋捌肘發，並以右掌反向彈抖橫擊乙後背，使乙跌出（圖225）。

【要領】：此動作為「拿法上肘」和「懶扎衣」聯合用法之一。甲採拿乙右手腕要以撤步含胸、捌肘抖發一氣相貫。甲右前臂壓向乙右上臂時，施加於乙臂部肌肉之力要有

圖 226

一種滾動軋壓的感覺，使乙被制約而不由自主地向前跌撲。

例68 乙進步推擊甲，甲順勢拿打

（1）乙進右步，用右手推擊甲左側胸部。甲迅疾右撤步轉身，含胸壓左肘。用左臂屈肘由上往下攔截乙右手腕，並以左胸與左上臂內側纏壓夾緊乙右手腕於左腋下（圖226）。

（2）接上一動作不停。甲猛力左轉身，腰、臂同步逆纏絲左旋向左後側抖發，同時右掌直擊乙前胸，使乙跌出（圖227）。

圖 227

圖 228

【要領】：此動作為「斜行拗步」用法之一。甲以左腋與左上臂擒拿乙右手腕，須在乙推擊至胸部瞬間完成，然後即拿即旋腰纏臂，在乙猛烈受控一瞬間，即刻左轉前向前移身，打擊右掌。

例69　乙進步打掌，甲叼腕反撩

乙進右步，用左掌推擊甲胸、腹。甲撤左腿，左側轉身，並迅速以左手叼拿乙左手腕順勢往回捋帶，在放空乙勁力的同時，右手垂腕直臂上撩，以右臂撩擊乙面部（圖228）。

【要領】：此動作為「單鞭」用法之一。左右手形成對開之勁，右臂要放鬆甩出。

例70　乙順步沖拳，甲叼腕進步撩掌

（1）乙進左步，用左拳擊甲頭部。甲頭後閃，右手順

圖 229

圖 230

勢叨拿乙左手腕（圖 229）。

（2）接上一動作不停。甲疾進左步，左腳踩於乙兩腳之間，左手由下向上直臂上撩，擊拍乙後背，使乙跌出（圖230）。

圖231

【要領】：此動作為「野馬分鬃」用法之一。甲進步落腳與左手上撩形成合勁，撩臂要有上旋的抖力，同時左手即刻鬆開。

例71 乙進步沖拳，甲叨腕橫抹掌

（1）乙進左步，用左沖拳打擊甲胸。甲左轉身向後撤左腳，左手順勢叨拿乙左手腕（圖231）。

（2）接上一動作不停。甲右臂屈肘上舉，右掌由上向右後方橫抹乙脖頸，使乙跌出（圖232）。

【要領】：此動作為「高探馬」用法之一。右掌向右後方橫抹

圖232

| 圖 233 | 圖 234 |

時，左手即可鬆開。若左手不鬆開，右手應改為後摟手來摟抱乙脖頸，那就變成後摟頸部擒拿法了。

二、拿打靠結合

散手實戰中，兩人相對距離不停變化，如果採用靠打手法，對方在瞬間拉大距離，靠打立即失效。常用兩種補救辦法，一是迅速補上長距離的手法，再就是控制其躲閃。

例72　甲肩靠，乙後閃，甲掄臂擊發

（1）甲進左步，側身以左肩靠打乙胸部（圖233）。

（2）接上一動作不停。乙向後閃身，甲迅疾掄左臂向乙頭部或胸部直臂劈掌，使乙連續受擊而後跌（圖234）。

【要領】：此動作為陳式太極拳「單鞭」式中兩個分解動作的組成。甲進步肩靠勁力要整，且肩靠不宜超出腳尖垂面，以防偏重。當乙向後閃身時，甲應疾速掄臂劈掌，以補

圖 235   圖 236

距離之變。

例 73   乙進步打掌，甲叨腕肘擊

　　乙進左步，用左掌推擊甲胸。甲左側閃身，順勢用左手
叨拿乙左腕並向左後側捋帶。同時向乙左腿後側進右步，右
臂屈肘向乙左肋處靠擊（圖 235）。

　　【要領】：此動作為「拗鸞肘」用法之一。甲左手捋帶
與右肘頂靠形成對開之力，用強迫手段拉近二人之間距離。
頂肘時要手腳合一處，形整勁足。

例 74   甲拿腕肘靠乙

　　（1）乙進左步，用左手抓甲右腕。甲後撤左腳向左側
轉身，右手扣壓乙左手，右臂屈肘纏絲下壓乙左手腕（圖
236）。

　　（2）甲進右步，右臂屈肘向乙胸部撞擊，使乙跌出

（圖237）。

【要領】：此動作為
「背折靠」用法之一。甲
纏絲壓肘時要含胸扣肩，
屈膝蹲身。壓迫乙左手腕
而迫使乙左手鬆開之際，
立即以腰帶臂，順勢猛力
頂肘。

圖237

三、截沖打結合

這是截手與前沖打手
法的聯合使用。

例75 乙進步打掌，甲截肘靠打

（1）乙進左步，用左掌推擊甲胸。甲左轉身後撤左

圖238

腿，同時右手向外橫截
攔乙左肘（圖238）。

（2）接上一動作
不停。甲疾速進右腳半
步於乙身後，右臂屈肘
順勢向乙左背側橫靠，
使乙跌出（圖239）。

【要領】：此動作
為「鐵山靠」或「拗鸞
肘」用法之一。甲橫截
肘與肘靠要銜接緊湊，
即截即靠，不可停頓。

圖239

例76 乙進步雙沖拳，甲橫截頂撞肘

（1）乙進右步，以右弓步雙沖拳向甲胸、腹打來。甲
迅疾後撤右腿右側轉身，用左臂屈肘下截乙雙沖拳（圖
240）。

圖240

圖 241

（2）接上一動作不停。甲右臂屈肘向前以立肘撞擊乙胸部，右拳同時向上抄拳擊乙下頦（圖 241）。

【要領】：乙採用「雙沖」式用法。甲採用「護心錘」和「獸頭勢」聯合用法之一。甲在用立肘撞擊時須左轉腰，以擰腰抖臂的力量發出撞肘與抄拳的勁力。

圖 242

例77 乙進步推擊甲，甲下截擠靠乙

乙進右步，以雙手推擊甲。甲進右步，用左手向下攔截乙手，同時以右前臂及右掌向乙胸部擠靠（圖 242）。

【要領】：此動作為「抒擠式」用法之一，屬於一種迎頭打法。表面上看為正面迎擊，實際上甲所發之力為向前向右的螺旋之力，使乙的推力「打飄」後失衡而跌出。

圖243

四、手腳結合

例78 乙馬步側沖拳擊甲，甲砸拳勾踢

（1）乙進左步，以馬步左沖拳打甲右肋部。甲迅疾雙腿屈膝下蹲成馬步，右臂屈肘下砸乙左手腕（圖243）。

（2）接上一動作不停。甲迅疾提右腿勾踢乙左小腿，使乙跌倒（圖244）。

【要領】：甲採

圖244

圖 245

用「煞腰壓肘」與「海底翻花」動作聯合用法之一。甲右下砸拳與勾踢腳要一氣相貫，在瞬間完成，中間不可有停頓。

例79　乙以頭撞甲，甲提膝頂並側摔

（1）乙進左步並前傾身以頭向甲腹部撞擊。甲迅疾後撤右腿，提左腿屈膝以膝面迎擊乙頭面部，雙手同時協助下按乙頭頸後側（圖245）。

（2）接上一動作不停。甲左腳向左前側落地，雙手順勢向後捋帶乙頭頸部，將乙摔出（圖246）。

圖 246

圖247

圖248

【要領】：乙用「玉石碰金門」手法，甲採用「提收」用法之一。甲必須順乙撞擊之勢提膝頂乙頭部。同時向後側摔。

例80 乙拗步推掌擊甲，甲提膝托掌

（1）乙進左步，以右掌擊甲胸。甲迅疾向左側跨左步，用左手向右前側攔截乙右肘（圖247）。

（2）接上一動作不停。甲疾提右腿屈膝向乙下腹部撞擊，同時右手以掌根上托乙下頦，使乙跌擊（圖248）。

【要領】：乙採用「拗步推掌」手法，甲採用「上步金雞獨立」用法之一。左手攔截乙右肘與提膝上托掌要一氣相貫，不可停頓。發力要乾脆，力達膝部與掌根。

例81 乙拗步沖拳，甲砸拳撞膝

（1）乙進左步，用右拳擊甲胸部。甲向左前側斜跨左

圖 249　　　　　　　圖 250

步，同時用左手截拿乙右手腕（圖 249）。

（2）接上一動作不停。甲左手抓拿乙右手腕順時針纏臂向左上提托，右手握拳向乙後腦劈砸，同時提右腿屈膝向乙面部撞擊（圖 250）。

【要領】：甲採用「翻花舞袖」用法之一。砸拳與提膝上撞形成合力。

【第五章】

擒拿與反擒拿
基本技法

第一節　擒拿的基本技法

擒拿是武術散手技法中的一種。不論哪一類拳種，均有擒拿法，而且在基本技法上都大同小異，都遵循「抓筋、拿腕、反關節」的原則。太極拳的擒拿法除具有其他拳種擒拿法的共同點外，還多以纏絲的手法為主，並處處體現出纏絲的作用。

擒拿法分類方法很多。同一種擒拿，由於所體現的側重面不同，可以分屬於不同種類的擒拿中。

一、纏腕擒拿法

打人出拳，腕部最易顯露。正確迅速地擒拿對方腕部，可以有效地制服對方。對於腕部的擒拿，可以直接用手來實現，也可以用身體各部位的共同配合來實現。

例82　乙右手抓甲右腕，甲順纏絲擒拿乙手腕

乙進右足，用右手抓甲右手腕。甲左手扣壓在乙右手指上，阻止乙右手脫開，同時迅疾進左足至乙右腿外側，右掌抓緊乙右手腕，以小指領勁，順纏絲壓乙右腕。必要時，可用左肘旋壓於乙右肘處來輔助擒拿，使乙因右臂受控制而身體處於背勢跌倒在地（圖251）。

【要領】：甲一定要牢固扣壓乙的手指，而不是手腕，這是該拿法的關鍵。甲如果能鎖扣壓住乙右手大拇指，不使乙掙脫，再順纏絲以右手掌外治之力切壓乙右手腕，其威力更甚。此招為「退步壓肘」拿法之一，又名「小金絲纏

圖 251

腕」。該拿法在其他拳種中都有。這是對方右手抓自己右手，或左手抓自己左手時的拿腕法。

例 83　乙用左手反手抓握甲右手腕，甲纏絲擒拿乙

乙用左手反手抓握甲右手腕部。甲以左手扣壓在乙左手指上，阻止乙手指掙開，同時疾進右足至乙身後，右臂順纏絲以右肘向下，並內捲切壓乙左手腕，使乙臂受控而身體處於背勢（圖 252）。

【要領】：同上例。甲扣壓緊乙手指，以肘捲壓，此招又名「大金絲纏腕」。其他拳種中也有此手法。這是對方左手反背抓自己

圖 252

圖 253

右手腕，或右手反背抓自己左手腕時的拿腕法。此招在陳式
太極拳中體現在「單鞭」式「退步壓肘」中的纏絲練法中。

例84　乙進步沖拳擊甲面部，甲叼手提腕拿

乙進右步，以右手沖拳打擊甲面部或頭部。甲迅疾雙掌
交叉上掤，迅速上步，用右手叼拿住乙右手腕，左手鎖壓住
乙右手指，並以右手順纏絲捲拿乙右手腕（圖253）。

【要領】：提拿纏絲與上步要一氣相貫。此招為「十字
手」擒拿法。

例85　乙進步抓甲胸，甲扣手屈肘壓拿

（1）乙進右步，用右手抓甲胸。甲迅疾以右手將乙右
手扣壓在自己胸上（圖254）。

（2）甲含胸沉肩，抬左臂屈肘從上往下向乙右手腕壓
去，並且向右旋腰轉體，使乙右臂被卷壓而處於敗勢，以致

圖 254

圖 255

跌撲在地（圖 255）。

　　【要領】：甲扣壓乙右手背與含胸旋轉體動作要緊密銜接，不可停頓。要用自己的右手和胸部合力扣壓住乙右手，阻止其掙脫。此動作為「斜行拗步」拿法之一，在其他拳種中又稱為「拿法上肘」。

圖 256

　　如果此時甲以左手直擊乙頭部，即成為「斜行拗步」的拿打混合手法了。

二、折疊擒拿法

　　折疊擒拿是擒拿中的主要法則，在其他拳種中均有體現。其共同特點就是將關節超限度引伸，使對方處於被動。太極拳的折疊擒拿法是在纏絲勁的基礎上超限度地折疊對方關節。

　　折疊擒拿多用於腕、肘等部位。

例86　乙順步打掌，甲折疊擒拿乙臂

　　（1）乙進右步，以右掌順序打擊甲前胸。甲迅疾後閃身，用左手從乙右手背處抓拿乙大拇指根節部位，而甲左手大拇指按壓於乙右掌背的無名指根節處。甲右手切壓於乙右肘窩處（圖256）。

（2）甲左手逆纏絲往乙臂右後側折疊乙手腕，右手配合左手順纏絲向下、向裡旋壓乙臂，使乙右臂同時受前後兩個方向勁力的折疊（圖 257）。

圖 257

【要領】：甲左手逆纏絲推壓乙右手背要與右手順纏絲旋壓乙右肘窩配合一致，要有擰扭之意，落點處兩手要形成合力。此動作為「三換掌」拿法之一。

此例為甲用左手抓乙右手，也可用右手抓乙右手，見例87。

例87　乙順步打掌，甲順手折疊擒拿乙臂

（1）乙進右步，用右掌向甲胸部推擊。甲迅疾後撤右步閃身讓開，並用右手從乙右手背處抓拿乙右手指，同時左手從乙右臂外上方向下切壓乙右肘窩外側（圖 258）。

圖 258

圖 259

（2）甲右手順纏絲往乙右臂方向推按折疊乙右掌，左掌向下配合右手切壓乙右肘彎處。使乙右臂受折疊而處於背勢（圖 259）。

【要領】：甲右手推按折疊要與左手切壓形成對開之力，而且都要以纏絲勁旋加於乙手臂，使乙手臂有一種被擰扭的力偶矩作用。此例仍為「三換掌」拿法。例 86 為左式，此例為右式。

例88 乙順步推擊甲，甲順手折疊擒拿乙手臂

（1）乙進右步，用右掌推擊甲胸。甲迅疾後撤右步閃身讓開，同時以右手順勢抓拿乙右掌指（圖 260）。

（2）甲右手推按折疊乙右掌，同時左手由乙右臂外下側穿入承接右手，合力卷折乙右臂（圖 261）。

【要領】：甲左臂折疊乙右手腕，應將乙右肘控制在自己左胸部與左腋下之間，使乙右肘部被折屈在腋下而無法掙

圖260

圖261

脫。此擒拿法俗稱為「相子抱瓶」。

例89　乙左右沖拳，甲雙手纏絲折疊擒拿

（1）乙進右步，以右手沖拳打擊甲頭部。甲迅疾後撤

右步，右側轉身閃開，同時順勢以右手叼拿乙右手腕（圖262）。

（2）乙左沖拳襲擊甲胸。甲速以左手攔截並抓拿乙左手腕（圖263）。

圖262

（3）甲緊握乙兩手腕，順纏絲擰扭乙兩臂，使乙雙臂受折疊而處背勢（圖264）。

【要領】：甲叼拿乙兩手腕要順勢借力，準確到位，能拿即拿，不可強求。抓拿時握力要緊，纏絲擰扭力要猛，前後動作

圖263

要自然順暢，一氣呵成。此招為「十字手」拿法之一。

三、反關節擒拿法

反關節擒拿就是故意違背骨關節轉動方向，迫使對方處於敗勢的方法。

圖 264

例90 乙順步推擊甲，甲叼腕壓肘反關節擒拿

乙進右步，以右掌推擊甲胸部。甲退右步，右側轉身，同時雙腿屈膝下蹲後閃身，閃開乙打來之右掌，並以右手叼拿乙右手腕，順纏絲扭轉乙右手腕。同時左臂屈肘，用前臂部位向乙肘外上側及上臂處反關節滾壓，使乙處於敗勢而跌撲（圖265）。

【要領】：甲叼扭乙右腕要與壓肘形成螺旋的力偶矩，使乙右臂有受擰扭的

圖 265

圖 266

作用。甲撤步閃身與叼拿扭擰動作之間要協調一致，一氣相
貫，中間不可停頓。此例為「退步壓肘」拿法之一。

例91　乙順步打掌襲擊甲頭部，甲叼腕反臂肩扛

（1）乙進右步，以右手打擊甲頭部。甲迅疾後撤右步
右側轉身閃開，同時用右手順勢叼拿乙右手腕（圖266）。

（2）甲以左手輔助右手共同抓拿住乙右手腕，順勢右
轉身，同時雙手纏扭，使乙右臂肘尖向下，並迅速下拉乙右
臂，挺身以肩背扛（圖267）。

【要領】：甲雙手抓乙手腕要猛力向下拉。轉身時要稍
向下蹲身，再隨著雙手下拉的同時向上肩扛乙右臂，以形成
上下對開之勁。背扛時必須使乙的肘尖朝下，使乙右臂形成
反關節受力而處於敗勢。此招俗稱「蘇琴背劍」，為「閃通
臂」拿法之一。

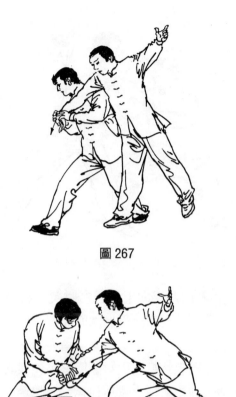

圖 267

圖 268

例92 乙順步沖拳，甲反臂上托

（1）乙進右步，以右手沖拳擊甲胸。甲迅疾右撤步轉身閃開，同時以右手順勢叼拿乙右手腕，左手托於乙右肘尖處（圖268）。

圖 269

（2）甲借勢用左手向上托乙右肘尖，右手向下按乙右
手腕。使乙右臂處於反關節受力狀態（圖269）。

【要領】：此法中，甲必須順勢借力，在右手将帶乙手
臂向前，使乙手臂忽然打空而肘關節鬆弛伸展的情況下迅速
上托才能奏效。此招俗稱「手揮琵琶」，也是「懶扎衣」拿
法之一。

四、順勢擒拿法

順勢擒拿是拿法中快捷簡便的一種，其主要特點是「順
勢」，即引即拿，變化多樣。

例93 乙推擊甲，甲順勢叼腕；乙後抽手，甲順勢推拿

（1）乙進右步，以右掌推擊甲下腹。甲側身順勢以右

圖 270

圖 271

手抓拿乙右手掌指（圖 270）。

（2）乙向後抽右手，甲順著乙抽手方向，順纏絲向前
上方反關節推托乙右手，使乙右臂被擰（圖 271）。

【要領】：甲必須掌握聽勁功夫，要「順人之勢，借人
之力」，來則引進落空，回則借勁而托。順著對方抽手的方

圖 272　　　　　　　　圖 273

向，再加一把螺旋的上托之力，使乙右手與臂超限度反折而身體處於敗勢。此招俗稱為「逆指纏」拿法，又為「白蛇吐信」用法之一。

例94　乙肩靠甲胸，甲鎖勁擒拿乙

（1）乙進步以右肩向甲胸部靠擊（圖272）。

（2）甲順勢後坐身並左側轉身，同時用右手叨拿乙右手腕，左臂從乙身後順勢摟卡乙頸部，向左後側扭轉（圖273）。

【要領】：甲在扭轉乙頸部時須以腰帶動，順勢而拿。此法俗稱「金絲纏葫蘆」。

例95　乙雙手推按甲胸，甲雙臂扣壓順勢擒拿

（1）乙進右步，用雙手「虎撲」動作推擊甲胸（或以雙手抓甲胸）。甲後撤右步右側轉身閃躲（圖274）。

圖274

圖275

（2）甲在撤步閃身的同時，雙臂由兩側從上往下合攏交叉，以兩上臂扣壓乙雙手腕背部，將乙雙手順勢緊緊壓合在自己胸上，同時含胸縮身，向前彎腰傾身，將乙雙手腕反關節折疊擒拿住，使乙處於敗勢（圖275）。

【要領】：在乙雙手撲擊甲胸時，甲必須順勢含胸縮身，雙臂迅速順勢鎖扣住乙雙手腕於自己胸上，即刻彎腰傾身下壓。這幾個動作必須在瞬間完成，一氣相貫。此法俗稱

圖 276

為「白馬窩蹄」，在「掩手肱錘」動作中有所體現。此時，乙已處於敗勢，如果甲展臂一揮，即可擊於乙頭部，將其擊倒。

例96 乙雙手抓提甲胸，甲順勢摟臂挺胸擒拿

（1）乙進右步，用雙手抓甲胸欲向上提。甲後撤右步，同時雙手向乙腋下插入（圖276）。

（2）甲挺胸轉腰，兩臂在乙腋下合力往回摟抱，使乙雙臂被迫屈肘，雙手腕被迫反關節折疊於甲胸部而處於敗勢（277）。

【要領】：甲用此法與例95類同，只是此法在使用時胸部須上掤，與雙臂合攏形成一個收縮的環抱之合力。此招往往只適宜於抓胸上提之際順勢擒拿，且應在自己比對方力大的情況下使用。該拿法俗稱為「懷中抱月」，在「雙推掌」動作中有所體現。

圖 277

圖 278

例 97　乙推擊甲腹，甲扣手順勢轉腰擒拿乙

（1）乙進右步，用右手推擊甲腹。甲迅疾右側轉身，順勢用右手將乙右手扣壓在自己腰部，左手順勢橫托乙右肘外側，同時左腳進步踏入乙右腳內側（圖278）。

（2）甲猛力向右側轉身前傾，同時左手猛力橫推乙右

第五章　擒拿與反擒拿基本技法　203

圖279　　　　　　　　　　圖280

肘，左腳絆乙右腿，使乙跌撲（圖279）。

【要領】：甲必須順著乙右手的推勢扣手、側身、旋腰、橫推一氣相貫，瞬間完成。關鍵是右手要緊扣乙手於自己腰間，不讓其迅速掙脫出去。旋腰推掌也要順勢而發，不可強求。此法在「背折靠」動作中有體現。

五、上臂轉折擒拿法

例98　乙順步抓甲臂，甲轉身纏臂擒拿

（1）甲進右步，以右手直沖拳擊乙面部。乙後撤左步閃身讓開，順勢以右手上揚，從甲右臂外側抓甲右上臂（圖280）。

（2）甲迅疾右轉身，左腳進步跨在乙右腿外側，同時左手從右上臂上側扣壓住乙右手指，阻止乙右手掙脫。右臂外旋順纏絲，從乙右肘上側向下、向裡捲壓，左肘隨著身體右轉向右下方切壓乙右肘，使乙肘、臂受控而處於敗勢（圖

281）。

【要領】：甲轉身外
旋右臂與進左步要同時進
行。右臂捲壓乙手臂時，
須含胸收腹前傾身，並且
繼續向左側轉腰。左手須
壓緊乙右手指於自己上臂
上，不可讓其掙脫。此法
在「懶扎衣」動作的纏臂
中有所體現。

圖 281

例 99　乙進步抓甲肩，甲纏臂壓肘擒拿

（1）乙進右步，用右手抓甲左肩（圖 282）。

（2）甲迅疾用右手扣壓在乙右手背上，阻止乙右手掙
脫，同時向右側轉身，左臂由後向上、再向前旋臂順纏絲畫
弧，然後含胸沉左肩，屈肘下壓乙右手腕，使乙右手腕被反

圖 282

圖 283

關節纏壓而處於敗勢（圖 283）。

【要領】：甲在纏臂捲壓乙右手腕時，應以腰帶動左上臂纏繞，將乙右手腕捲裹在左肩內側再切壓。此法俗稱「抓肩上肘」，在「斜形拗步」胸腰折疊纏臂動作中有所體現。

第二節　反擒拿解脫轉化要領

在散手實戰中，經常會有被對方擒拿住或摟抱住，使自己處於敗勢，最後被對方摔出的情況。為了解脫對方的擒拿，轉敗勢為有利於進攻的優勢，必須掌握反擒拿解脫法。這種技法在武林中俗稱「解扣」。在太極拳中也有許多解扣方法，如反纏繞法、抖震法、順勢引化法、以攻破解法等。

一、反纏繞解脫法

「反纏繞解脫」就是在對方用纏絲法來擒拿自己的時候，自己以反纏繞的技法，使對方無法實施擒拿。

（1）乙用右手抓扭甲右手腕，左手配合右手下按甲右肩，欲用順纏絲擒拿甲右臂（圖284）。

（2）甲順勢下沉右肩，同時右臂順纏絲直臂下伸，解脫乙的纏絲擒拿（圖285）。

圖284

【要領】：甲用此法纏絲解脫時，以右臂順纏絲下伸，使乙右手五指不易合攏，故可掙脫乙右手。同時，右肩下沉時亦須滾動下旋，也就是前面提到的「化肩」，將乙左手推按之勁引化掉。此動作在陳式太極拳「起勢」下旋腕中體現出來。

圖285

圖286

甲掙脫後，必須馬上改用進攻性手法。

例101　乙反扣手抓拿甲手腕，甲反纏繞解脫

乙用左手以反扣手法抓甲右手腕。甲沉右肩下壓右肘，同時右臂逆纏絲下伸，掙脫乙抓拿之左手（圖286）。

【要領】：甲在此法中，用了兩種解脫方法。一種是先壓肘，一種是纏絲直臂下伸。此法在「金剛搗碓」式的前動中體現出來。

例102　乙雙手抓拿甲雙手腕，甲旋臂反纏絲解脫

（1）乙上步以右手抓拿甲左手腕，以左手抓拿甲右手腕（圖287）。

（2）甲雙手握拳，左臂逆纏絲，右臂順纏絲，兩臂同時由上向內下方翻轉上插，使乙雙手十指無法抓緊而鬆脫（圖288）。

圖 287

圖 288

【要領】：兩臂內旋時要含胸拔背，沉肩塌腰。此動作為「抱頭推山」前勢。

二、反擒拿解脫法

「反擒拿解脫」，即是用自己相應的擒拿手法來解脫對方的擒拿。

圖 289

例 103　乙正面抱摔甲，甲推擠乙下頦掙脫

　　乙用雙臂從甲正面合攏摟抱甲腰部，欲將甲抱起摔倒。甲迅速上步（上左腿或上右腿均可）插於乙兩腳之間，同時以雙掌或雙拳交叉合攏向上、向前推擠乙下頦及頸部，使乙被逼鬆開雙臂（圖 289）。

　　【要領】：甲在推擠乙下頦或頸部時，身體應向後撐，向下坐勁，與雙手前推形成開合之勁。此招為「上步七星」用法之一。

例 104　乙雙手抓甲雙腕，甲反轉壓肘掙脫

　　（1）甲進步雙沖拳向乙胸前打來。乙後撤右步閃開，並順勢以雙手從下向上分別抓拿甲右手腕和左手腕（圖290）。

　　（2）甲隨著乙抓拿之勢，右側轉身，迅疾以右手扣壓

圖 290

圖 291

乙右手指於左手腕上，阻止其掙脫。同時左手抓拿乙左手腕部，左臂屈肘由上向下纏絲捲壓，下切乙右臂及腕部，使乙手臂被擒拿而鬆開（圖291）。

【要領】：甲左臂屈肘向下切壓時要含胸轉體，形成以腰催力的作用。此法俗稱「大金絲纏臂」，既是擒拿，又起

圖 292

到解脫作用。在「退步壓肘」式中體現。

三、順勢化打解脫法

此法是順著對方擒拿纏扭的方向，透過自身肢體活動範圍的不斷調整，順勢化解，必要時可以轉化為打，或化打結合。

例105 乙採捋甲臂，甲順勢旋臂化

（1）甲進步，以左掌擊乙面部。乙撤步後閃，同時迅速以左手採拿甲左手腕，右手托於甲左肘外側，合力向左側採捋或反關節上托擒拿甲左臂（圖292）。

（2）甲迅疾順勢沉肩擴肘，逆纏絲外旋左臂，屈肘上提，引化乙採捋上托之勁，同時左側轉身進右拳，直擊乙左肋下，達到解脫目的（圖293）。

【要領】：甲左臂逆纏絲提肘與右沖拳要以腰帶動，勁

圖 293

圖 294

從腰出，此法為「肘底捶」的化打法之一。

例 106 乙雙手封控甲雙肘，甲旋臂引化推發乙

（1）乙雙手抓托甲雙肘，欲上托而摔甲（圖 294）。

（2）甲雙臂順著乙上托之勢，由上向左下側旋臂下壓

乙右臂，雙掌按於乙右上臂外上側，向斜下方猛烈抖發，使乙雙手鬆開並跌出（圖295）。

圖295

【要領】：甲雙臂纏繞要同向同步進行。纏壓乙右臂的過程是含胸蓄勁的過程。翻掌下按與彈抖發放要勁從腰發。乙在此採用了「雙推手」用法之一。甲採用陳式太極拳「前後招」用法之一。起源於形意十二形中的「鼉（tuó）」形。

四、抖震掙脫法及以攻破擒法

「抖震」，即是運用「炸、崩、驚、抖、靠」等猛烈爆發的勁力，利用這種強力震動來達到掙脫對方擒拿自己被鎖部位的方法，稱為抖震掙脫法。抖震法往往與進攻手法相結合使用，以取得最佳效果。

以攻破擒法是及時採取適當的進攻性手法來解脫被擒拿部位。攻即是破，破即是攻，是功破結合的手法。

例107　乙摟抱摔甲，甲抖震肘擊掙脫

（1）乙從甲前面用雙臂將甲上身連同兩臂一併抱緊，欲抱起摔倒（圖296）。

（2）甲迅疾沉氣下蹲，同時兩肩左右抖震（圖297）。

（3）甲在用肩左右抖震的同時，右臂屈肘撞擊乙胸

圖296　　　　　　　　　圖297

圖298

口，將乙抖出（圖298）。

　【要領】：甲沉氣屈膝下蹲與抖肩頂肘時要一氣相貫，中間不可停滯，不可給乙留出調整摟抱姿勢和變換手法的機會。此招為「金蟬脫殼」和「拗鸞肘」的聯合作用。

　　此法同樣適合乙從身後摟抱摔甲的情況。甲可用後頂肘法，或頭後撞法（俗稱「玉石碰金門」）來破之。

圖 299

例108 乙抓拿甲腰部，甲撐肘抖擊掙脫乙

（1）乙進右步，雙手抓拿甲腰部，欲將甲摔出。甲迅疾後撤左步，左側轉腰，同時雙臂屈肘向下撐壓（圖299）。

（2）甲雙掌向乙胸部抖發，同時上右半步，身向後撐，掙脫乙雙手（圖300）。

【要領】：甲雙掌向前彈抖推發乙時，須在兩肘向下撐壓後瞬間進行。同時腰背向後撐靠，形成前後對開的力量，發力抖震來掙脫乙抓拿之手。此法為陳式太極拳中「連珠炮」手法之一，也是形意拳中「虎撲把」的打法。

例109 乙正面摟抱欲摔甲，甲提膝上抄拳

乙進步，以正面雙臂合攏摟抱甲腰，欲將其摔倒。甲屈膝提右腿，用膝面頂撞乙下腹，同時右手握拳，向上抄擊乙下頦，左手向左下側撐按乙右臂，與右手形成對開之勁，合

圖 300

圖 301

力掙脫乙摟抱之雙臂（圖301）。

　　【要領】：此動為「金剛搗碓」提膝抄拳之勢，是典型的以攻破擒法。抄拳提膝要同步進行，而且身要有後靠之意。

圖302

例110 乙兩手抓按甲雙肘，甲旋臂彈抖掙脫

（1）乙以兩手抓按甲雙肘，左手抓甲右肘外側，右手抓甲左肘外側，欲將甲兩臂控制而上步將甲推發而出（圖302）。

（2）甲迅疾用左手向右側推截乙左手，同時右臂內旋，右掌由內向上穿出，以彈抖之力襲擊乙頸部或面部，達到以攻破擒的目的（圖303）。

【要領】：此法為「高探馬」和「三換掌」進攻性手法之一。

圖303

圖 304

乙在控制甲雙肘時，要有「提收」勢的雙臂雙合之勁。甲左手推截要與右手彈抖擊發同步完成，形成上下對開之勢。

【例111】 乙採拿甲腕，甲探身打掌

（1）乙右手採拿甲左手腕，欲採捋並變換其他手法（圖304）。

（2）甲左臂順纏絲向內抽手掙脫，同時右手向乙頸部或頭部橫劈掌（圖305）。

【要領】：甲左手順纏絲往回抽手與右手打掌要形成開合之勢須同時

圖 305

圖306

完成。此為「高探馬」手法之一。

例112　乙抓捋甲，甲震腳斬手掙脫

（1）乙進步，以雙手抓捋甲左手腕，向後捋帶，欲將甲摔倒（圖306）。

（2）甲迅疾左轉身上右步，以右腳從上往下直跺乙前腳面，同時以右掌外沿向乙手腕處猛截切，左臂隨著右掌下切之勢猛力上抽，掙脫乙的抓捋（圖307）。

【要領】：此招為「斬手」。甲右掌下切與左臂上抽要形成上下開合之勢，並與震腳協調一致，形成整力。

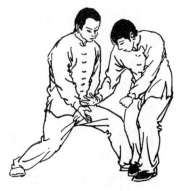

圖307

附：作者從武生涯

作者武世俊，男，1945年生於山西省孝義縣。因原籍一帶是形意拳發祥地，習武之風甚濃，在此氛圍影響下，他從小就酷愛武術。8歲時隨父到山西大同，投拜名師門下，學得了「梅花」「八法」「通臂」以及「查、炮、華、洪」等拳種和器械，從不同角度與風格上進行了深造，紮實地打下了長拳類底功，為今後鑽研其他類拳種奠定了良好的基礎。在多次參加省、市以及全國武術比賽並擔任裁判員期間，他主動同與會的武林同仁交流研討，虛心學習，又學得了「八卦」「南拳」等拳械。

1966年底，他在北京投拜田秀臣為師，潛心鑽研陳式太極拳的拳理拳法及套路演練技巧和新老套路的不同風格特點。在田老師的悉心傳授下，以及後來接觸到的馮志強、鄧杰等太極拳名師的精心指導下，使他在陳式太極拳的功法練習、推手散打及器械方面受益頗深。

他演練的陳式太極拳沉穩灑脫，起伏跌宕，意在動前，情在動中，動如撕棉，迂迴折疊，讓人回味無窮。人民體育出版社音像部為其製作了光碟以向世人推薦。

武世俊於1967年開始正式收徒授藝。當時他主要教授長拳及形意拳類的拳械。1974年開始在大同地區推廣陳式太極拳械及推手，從學者甚多，15年後，該拳種在大同地區廣為流傳。在此基礎上，經當時市體委、市武協批准，於1988年秋成立了「大同市陳式太極拳研究會」，他擔任會長。

他平時非常注重研究挖掘那些即將散失的傳統武術內容，去偽存真。並在 1985～1986 年積極參加了全國武術挖掘整理工作，並對山西省內流傳的拳種及主要代表人物進行了考證和資料整理。

對八法拳械等一些即將散失的優秀拳種親自作了演練示範，由大會錄像歸檔。他著有《八法拳、八法槍》一書並配以光碟，由人民體育出版發行。在挖整工作期間，他對陳式太極拳與山西地區流傳的洪洞通背拳作了比較，從實用武術的拳理拳法出發，還太極拳練法以真實面貌，該書就是在這種思想指導下撰寫的。

習武半個世紀，他對中國武術多拳種的拳理拳法、技擊要求、演練特點不斷加深理解並融會貫通，使他演練的武術套路風格突出，手法準確，花樣翻新，形成一套獨特的、不拘一格的風格特點。他內外兼修，造詣頗深，尤精「八步金蟬鴛鴦手法」。多年來他經常從事武術比賽、裁判和教練工作，把大部份精力傾注在中華武術的推廣和發展中。

·女醫師系列· 電腦編號 62

1.	子宮內膜症	國府田清子著	200 元
2.	子宮肌瘤	黑島淳子著	200 元
3.	上班女性的壓力症候群	池下育子著	200 元
4.	漏尿、尿失禁	中田真木著	200 元
5.	高齡生產	大鷹美子著	200 元
6.	子宮癌	上坊敏子著	200 元
7.	避孕	早乙女智子著	200 元
8.	不孕症	中村春根著	200 元
9.	生理痛與生理不順	堀口雅子著	200 元
10.	更年期	野末悅子著	200 元

·生 活 廣 場· 電腦編號 61

1.	366 天誕生星	李芳黛譯	280 元
2.	366 天誕生花與誕生石	李芳黛譯	280 元
3.	科學命相	淺野八郎著	220 元
4.	已知的他界科學	陳蒼杰譯	220 元
5.	開拓未來的他界科學	陳蒼杰譯	220 元
6.	世紀末變態心理犯罪檔案	沈永嘉譯	240 元
7.	366 天開運年鑑	林廷宇編著	230 元
8.	色彩學與你	野村順一著	230 元
9.	科學手相	淺野八郎著	230 元
10.	你也能成為戀愛高手	柯富陽編著	220 元
11.	血型與十二星座	許淑瑛編著	230 元
12.	動物測驗—人性現形	淺野八郎著	200 元
13.	愛情、幸福完全自測	淺野八郎著	200 元

· 傳統民俗療法· 電腦編號 63

1.	神奇刀療法	潘文雄著	200 元
2.	神奇拍打療法	安在峰著	200 元
3.	神奇拔罐療法	安在峰著	200 元
4.	神奇艾灸療法	安在峰著	200 元
5.	神奇貼敷療法	安在峰著	200 元
6.	神奇薰洗療法	安在峰著	200 元
7.	神奇耳穴療法	安在峰著	200 元
8.	神奇指針療法	安在峰著	200 元
9.	神奇藥酒療法	安在峰著	200 元
10.	神奇藥茶療法	安在峰著	200 元

國家圖書館出版品預行編目資料

太極拳實用技擊法／武世俊　著
——初版，——臺北市，大展，2004〔民93〕
面；21公分，——（實用武術技擊；9）
ISBN 957-468-326-5（平裝）

1.太極拳

528.972　　　　　　　　　　　　93012018

太極拳實用技擊法

ISBN 957-468-326-5

作　　　者／武世俊
責任編輯／張建林
發 行 人／蔡森明
出 版 者／大展出版社有限公司
社　　　址／台北市北投區（石牌）致遠一路2段12巷1號
電　　　話／（02）28236031‧28236033‧28233123
傳　　　眞／（02）28272069
郵政劃撥／01669551
網　　　址／www.dah-jaan.com.tw
E - mail／service@dah-jaan.com.tw
登 記 證／局版臺業字第2171號
承 印 者／國順文具印刷行
裝　　　訂／協億印製廠股份有限公司
排 版 者／弘益電腦排版有限公司
初版1刷／2004年（民93年）10月

定價／220元

大展好書　好書大展
品嘗好書　冠群可期

大展好書　好書大展
品嘗好書　冠群可期